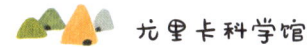

掷骰子就能创作出华尔兹吗

形形色色的科学冷知识

尹传红 / 主编

张晓红 / 著

宫世杰 / 插图

上海科技教育出版社

主编的话

树懒到底有多懒?真的有让自己好斗的激素吗?开车最经济的速度是多少?假目标是怎样迷惑来袭导弹的?

这样一些有趣的话题,在"尤里卡科学馆"丛书的4个分册里,随处可觅。

这是一套面向中小学生的图文科普丛书。它以通俗易懂、生动谐趣的笔触,介绍了涉及动植物、天文地理、人体和军事等诸多方面的科学知识,突显了探索科学奥秘之乐趣所在,也展现了科学与人文、艺术相结合的魅力。

我相信,青少年朋友读后一定会增进对自然界和我们自身的了解与认识,增强对科学的亲近感。同时,它也必然有助于锤炼孩子们的逻辑思维能力和想象力,激发创新思维的火花。

阅读优秀的科普作品,对青年学子的精神发育和健康成长,影响甚深,至关重要。据我所知,许多著名的科学家,小时候就是因为接触到优秀的科普读物而对科学产生兴趣,渐渐地走进了科学的世界。

"创新兴则国家兴,创新强则国家强"。如今,国家已经把科学普及和科技创新提升到了同等重要的位置,并且致力于建设创新型国家,强调不断创新,要站在世界科技发展的前列。如果说,科技创新和科学普及是创新发展的一体两翼,那么,这推动创新发展的两翼应该比翼齐飞才好。也正是从这个意义上讲,我认为做好科学普及和科学教育,就是为未来的科技创新奠基,提供的是一种基础性的支撑。科学普及和科学教育,就应该有这样的高度与担当。

上海科技教育出版社多年来一直致力于谋划出版面向中小学生的原创科普精品,期望青少年读者经由阅读而理解科学、欣赏科学、参与科学,领悟科学方法、科学精神和科学思想的精髓,并能以理性思维进行观察和思考,进而实现课程内容之外的知识拓展、探究和创新思维的延伸,进一步提高素质与能力。"尤里卡科学馆"丛书,正是在这样的背景下应运而生的。

好书便是好伴侣。最是书香能致远。

我热切地期盼,"尤里卡科学馆"丛书能够成为青少年朋友悦读探索的好伴侣。

愿你们在阅读中思考,在思考中进步,在进步中成长!

尹传红

2019 年 7 月

目录

信息幻象

- 003　网络漫游与贡献
- 006　送给外星人的唱片
- 009　最后的备忘录
- 012　未曾造出的机器
- 015　谁制造了第一台计算机
- 018　超速通信
- 021　现代电话是怎样诞生的
- 024　世界最小的器乐三组合
- 027　最早的动画片
- 030　前进的车轮为什么看起来像在倒转

格物致知

- 035　高楼大厦会摇摆吗
- 038　不确定的未来
- 041　人为什么不会掉进地板里
- 044　鞭子为什么能甩出噼啪声
- 047　从欧洲到美国乘车只需一小时吗
- 050　如何判断物品具有放射性
- 053　原子粉碎机粉碎了什么
- 056　人眼能看见中微子吗

059　为白贝罗鸣不平

062　用微波炉烹饪的食物从哪部分开始熟

物质与文明

067　开车时最经济的速度是多少

070　全球灾难先生

073　蠢分子怪分子

076　青铜器时代的工具由什么制成

079　玻璃能推动人类文明发展吗

082　材质会影响球的反弹高度吗

085　纸币是用什么制造的

088　核弹爆炸的尘埃可以利用吗

091　能自行修复的船

094　撒骨灰会影响环境吗

谈天说地

099　世界上有杀人的怪湖吗

102　两极冰盖融化会影响海平面的高度吗

105　世界上最古老的核反应堆

108　为什么夜晚的天空是黑的

111　难道是智慧生命创造了宇宙

114　在太空搜寻"黑天鹅"

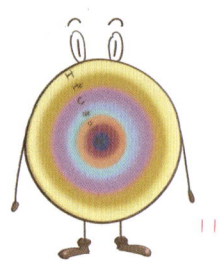

117　梳理宇宙

120　我们是星尘

123　天旋地转

126　亨丽埃塔的里程碑

129　一探大爆炸

132　宇宙中的巧合

135　宇宙如何演化成现在的模样

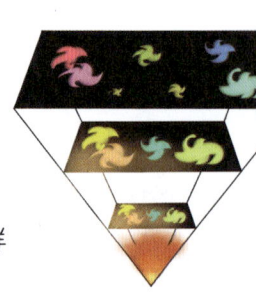

万物皆数

141　岩石里的时钟

144　芝加哥有多少钢琴调律师

147　全世界的人都用同种方法计数吗

150　惊人的巧合事件是如何发生的

153　消防员也能提出数学假说吗

156　莫扎特巧克力球

159　"无穷大"也分大小吗

162　1＋1 真等于 2 吗

165　一场晚宴引发的问题

168　掷骰子就能创作出华尔兹吗

171　环绕地球的绳子

174　黑斯廷斯的珍禽异鸟

177　无处不在的 π

信息幻象

网络漫游与贡献

你有没有想过你的个人电脑能为社会作很多贡献,有时甚至能帮助开展高深的科学研究?

我们的个人电脑大部分时间是闲置的,科学家就想出一个高明的方法来充分利用这个隐性资源。最早利用隐性计算时间的项目是SETI,意思是"寻找地外文明"。它有一套设备连着设在波多黎各岛上的一台巨型射电望远镜,每天接收海量的太空无线电数据。这些数据像是一种"白噪声",记录了恒星和星系随机发出的信号。不过,科学家希望有一天能在这噪声里发现来自地球外文明的信号——那信号一定有规律,而非杂乱无章。家用电脑的用户只需从网上下载一个简单的软件,就可以参与到分析这些数据的任务中去。太空无线电数据会定期发送给每个参与者。这样一来，SETI 项目就可以利用很多个人电脑的闲置时间来执行海量的运算工作。想象一下，你的电脑忽然盯住一个有规律的信号，向 SETI 发送信息，也许这就是你一举震惊世界的时刻。

如果你对这个项目感兴趣，你首先得申请，通过下载软件并注册账号才能参与。不过，并不是所有的科学研究项目都需要你用这种方式参与。例如 CAPTCHA，也即"全自动大众图灵人机分辨测试"项目，它的持续开展根本无须我们许可，也无须我们知道。然而，对于它最简单的应用，你一定不陌生：有时候当你连接某网站时，网站要求你读出屏幕上一个扭曲变形的单词或一组字母，以此来确定有人想访问该网站。

近来出现一种新的 CAPTCHA 使用方法，它是书籍数字化与文本上网项目的一个成果。过去，书籍数字化是个劳动

密集型工作，全靠人边读边录入。后来，人们发明了一种高效方法——使用光学字符识别软件。它可以高速读取书籍内容，并自动将其转成可进行字处理的文本。但是书籍越古旧，电脑读取就越不容易。试想一下，一本维多利亚时期的小说，小字印刷，纸张已经发黄起皱，让人去读自然不成问题，但让电脑读取就很麻烦。

这时 CAPTCHA 就可以大显身手。每天，人们访问网站时，要在电脑上输入上亿次验证码。于是，科学家们说服一些网站将那些电脑难以识别的单词图片当成验证码使用。同时，他们会采取合适的保险措施，来确保不同网站使用同一个词时读取结果更为准确。一个实用便捷的清晰文字处理系统就这样建成了。科学家们将这个名叫 reCAPTCHA 的系统和电脑光学字符识别软件的识别准确率作比较，发现前者的识别准确率达 99.1%，而后者的识别准确率仅有 83.5%。这个项目运作一年后，网络用户竟在不经意间识别了近 5 亿个词，相当于 17 600 册书籍里机器无法辨认的词汇总量。

所以，下次当某网站再让你读一些变形的、模糊的字词时，就请你尽力辨认吧，因为那是在给网上的世界文学宝库添砖加瓦呢！

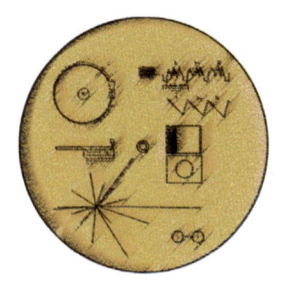

送给外星人的唱片

1977年,美国国家航空航天局向太空发射了两艘宇宙飞船"旅行者1号"和"旅行者2号"。它们的主要任务是收集木星、土星及其卫星的数据,包括照片,然后穿过太阳系及最近的恒星之间的广袤空间,向太空深处进发。同时,它们还携带了留声机唱片——当时那种由边缘螺旋转向中心的慢转唱片,里面存储了一段一小时的录音,包括用地球上众多语言发出的问候,以及地球上的各种声音,比如公共汽车声、卡车声,还有马叫声。另外,唱片里还存储了115张照片,其中包括一女子吃蛋筒冰激凌和一男子吃比萨饼的照片。科学家们希望外星人最早能在4万年后收到地球人的问候。

那时最先进的录音播放技术就是慢转唱片。为了给外星人一个可能成功读取唱片信息的机会,美国国家航空航天局的科学家们在唱片盒的表面和侧面各印了一张留声机唱针的图片。鉴于外星人不可能理解文字操作说明,科学家们尝试用示意图向他们传达信息,介绍唱针的工作原理、唱片的播放方式、唱片的旋转周期以及把唱针检测到的波形曲线转换成声音或图像的方法。为了让外星人准确地知道飞船来自何方,科学家们还在唱片表面上刻了一张地图,显示太阳系和14个脉冲星的相对位置,因为脉冲星的转动周期非常精确,外星人有可能知道这些星体。

这整个计划的象征意义大于实际作用。很难想象生活在遥远未来的人类如何解读这样一张唱片。科技在加速发展,不要说公元42 000年的世界,就是到2012年"未来考古鸟"卫星发射时,所有地球上的有关信息就被刻在抗辐射的玻璃DVD上。相比"旅行者号"飞船上的唱片,它的容量要大得多,信息压缩程度要高得多,足够让今天地球上的每位居民都发送一篇长达 4 页的信息。这次，这个计划在太空飞行 5 万年后重返地球的卫星，还带了一份给未来接收者的说明，介绍 DVD 播放器的使用方法。

我们通过发射卫星，将地球人的信息带到太空，迫切希望与其他生命形式建立联系。现在，任何高度发达的地外文明，都可以通过观看阿滕伯勒的节目以及地球上的其他广播电视节目，详细了解地球生命。至于他们到底怎么看待地球，认为这是个要避开的地方，还是个值得一去的地方，我们尚未可知。

最后的备忘录

1945年，美国工程师万尼瓦尔·布什预言将来会有一种叫作"麦麦克斯存储器"的设备，"有一张桌子，可以远距离操作，但主要是作家具使用。桌子上面有些倾斜的半透明幕布——资料可以投射在上面以便阅读——还有一个键盘、几组按钮和一根操纵杆。桌子一端用于存储资料。大批的资料使用改进过的缩微胶卷存储。麦麦克斯存储器的内部只有很小的一部分空间用于存储，其余全是机械装置。"

这东西听起来就像是集 iPod、电子书和数字录音机的功能于一身的设备。60年前能预见这些的布什，真的算得上先知先觉了，虽然这种设备的最终实现方式和他想的不一样。

但是，布什的一个设想还没完全实现，那就是他提到的存储和检索个人通信功能。除了电子邮件，大多数人是靠言语方式进行交流的，但这种方式既不便于存储对话信息，也不便于检索以往的对话内容。不过，我们离愿望实现的这一天不远了。到时候，无论何时何地，我们跟任何人说的话都能用便携装置——记录、存储、转录成文本、作出分析。2002年，卡内基梅隆大学的科学家设计并测试了一种仪器，它可以记录佩戴者参与的每一次谈话，过后把这些对话的内容检索出来。这对于那些记性差，记不住别人的长相，或者难以将别人的样貌与姓名对上号的人来说特别实用。

这台仪器有两个话筒和一个微型照相机，使用时别在衣领上，并连接到佩戴者身上的笔记本电脑。其中一个话筒是定向的，专门接收佩戴者的声音；另一个话筒覆盖比较大的区域，记录会谈中其他谈话人的声音。最有趣的是照相机，它不是用来记录谈话视频的，而主要是为了拍谈话人的脸。

谈话人面部图像的视频信息和说话的音频信息被储存在佩戴者身上的电脑内。再次遇到曾跟自己谈过话的人时，佩戴者能在这种仪器的帮助下记起他。下次相遇时，仪器会拍摄一张新谈话对象的脸部图像，并把它同与佩戴者谈过话的

所有人的脸部图像进行比对，同时该仪器还会将新谈话人的一段音频剪辑，和此前与佩戴者谈过话的所有人的音频剪辑进行比对。脸部图像和声音的比对能以很高的识别速率进行。如果佩戴者遇到过新谈话者，电脑专用软件会检索上次谈话的内容并进行归纳，提供一节简短回放。这样一来，该仪器可以"克服年龄等智力限制因素，帮助佩戴者回想起特定情景下所需的细节"。

当然，这种方法也有风险。因为我们将个人生活的细节存储在大脑之外的人工记忆体上越多，我们对自身内部的记忆体的依赖就越少。就像法老塔穆斯所说："人学会书写，便在灵魂里栽种了遗忘——因为依赖书写，所以不再训练记忆。"

未曾造出的机器

艾伦·图灵是英国数学家，他的创造性思维为现代数字计算机奠定了基础。他之所以声名赫赫，一个重要原因是他提出了"图灵机"的设想。但是，这个图灵机也就在他的脑子里和论文里出现过，从未真真切切地存在于现实中。不过，现代计算机的工作原理无不源于20世纪30年代图灵等一小批高瞻远瞩的学者们提出的真知灼见。

那时候，图灵一直在琢磨德国数学家戴维·希尔伯特在1928年提出的一个问题：是否存在这样一种数学程序，它能在任何数学系统内确定某一命题为真或为假。图灵钻研后得出结论：有一些系统，譬如算术系统，仅使用系统内的技巧，是不可能确定其命题为真或为假的。

为探讨这个问题，图灵写了一篇论文，设计了一台假想机器。科学界有个说法叫"思想实验"，图灵的假想机就是靠思想实验做出来的。这台机器有一条无限长的纸带,纸带被分割为很多个单元,由类似一个磁带头的端头将符号写入单元内或擦去单元内的符号。

图灵在该论文中设想由"计算员"来变更单元里的内容:"计算操作通常是把符号写在纸上。我们可以设想将这张纸分成很多小方块,就像孩子的算术课本一样……计算员在任一时刻产生的行为,都取决于他看见的符号和当时的'思想状态'。"反复执行一个指定的指令表,"机器"就会从初始状态运作到最终状态。

图灵在脑子里发明了图灵机,它使用针对单个问题的指

令表来解决这个问题。后来，图灵又向世人展示了发明能模拟所有图灵机功能的"通用图灵机"的可能性。通用图灵机使用的"指令表"相当于让现代数字计算机无所不能的软件。

尽管没有造出通用图灵机，但一旦需要建造真机器来解决疑难问题时，图灵从不偷懒。1939年，图灵获得一笔专款用于设计制造一台机器，使它能求证"黎曼猜想"——一个关于质数分布的数学命题。这台机器由30个啮合齿轮组成，每个齿轮的齿数都不一样，对应不同的对数。所有齿轮都在距齿轮中心一段距离处加了配重；齿轮相互啮合，构成若干个齿轮组，由一柄巨大的摇把推动其转动。

虽然图灵最后还是没能造出黎曼机，却在二战期间帮助英国研制出一台破译德军英格玛密码的机器。这台机器绝对称得上是改天换地的利器，据说这一成果使二战提早两年结束，图灵还因此获得了大英帝国官佐勋章。

谁制造了第一台计算机

现在我们称为"计算机"的东西起初被称为"计算机器"。在20世纪中期之前,"计算机"所对应的单词"Computer"仅指"能进行计算的人"。

1900年,一台生锈的手工装置在希腊小岛安提凯希拉被发现。这台"安提凯希拉装置"是一台于2000多年前制造的齿轮"计算机",它可以精确且详细地预测天文现象。这大概就是世界上的第一台计算机。

但是,真正的现代计算机的鼻祖还是英国数学家查尔斯·巴比奇。

在19世纪,大英帝国使用列表计算。从银行业到海上运输业,每一方面的贸易都依赖精确的图表,错误的计算会浪费金钱和生命,但那些图表的不可靠也是众所周知的。所以1821年,数学家巴比奇决定制造一台机器来取代列表计算。面对一套错误百出的天文图表,他曾对一个同事惊呼:"我希望上帝让这些计算数据像蒸汽一样消失!"

1853年,两个瑞典工程师乔治·舒尔茨和爱德华·舒尔茨借用巴比奇的设计,制造了第一台被巴比奇称为"差分机"的样机模型。这个父子团队不仅制造了第一台可编程的现代计算机,还卖出了两台这种计算机:一台卖给了纽约天文台,另一台则卖给了伦敦注册总署。每台计算机的大小都相当于一架钢琴。

在舒尔茨父子所采用的设计方案中,巴比奇把机器设计成三个部分:一是用来储存数据信息的"仓库";二是进行数据运算处理的"工场";三是在"仓库"和"工场"之间进行调度的"控制桶"。巴比奇的设计奠定了现代电脑的基本构架,"仓库"就是今天的内存,"工场"就是计数器,而"控制桶"就是控制技术的中央处理单元,俗称CPU。所以,巴比奇被称为"现代计算之父",他的思想比任何有形的成

就更伟大。

然而,由于性格缺陷,巴比奇不知道如何同那些为他提供资金的政治家们打交道。所以尽管他取得了机车排障器和制造鞋带金属头的修剪器的专利,也只能够维持生计,并没有足够的资金来继续他伟大的发明——一台更加符合现代意义、具有信息存储和打印功能、通过穿孔卡片程序运行的机器。第一台按照巴比奇自己的理念设计,利用当时可采用的材料制造的完整的差分机,直到2002年才问世。它长3米有余,重约5吨,由8000多个零件组成,制造过程历时17年。如今这台机器在伦敦科学博物馆展出。

超速通信

200年前，人们仍在使用缓慢而笨拙的远距离通信方式，比如利用鸽子送信。现今，即时通信成了社会生活的命脉，电话、互联网以及电视转播等早已成了人们生活不可分割的一部分。这一巨变也不过是发生在短短200年间的事。你也许很难想象：如此快捷的现代通信方式怎么会在如此短的时间内就被发明出来？

1790年，《狄德罗百科全书》提出利用钟摆的摆动作为远距离快速通信的方法。从那时起，人们对远距离通信的需求不断增长。

在法国大革命时代，政府将军事通信的重要性提升到这样的高度：法国议会通过一条法律："任何人未经授权，私自在两地之间传输任何信号——无论是借助机械发报，还是借助其他手段——将被判处监禁，刑期为一月至一年不等……"

一套成功的通信系统可以实现从国家的一端到另一端的通信，谁都不会忽视这样的系统对于政府和商业的价值。可对于"钟摆发报"的发明者来说，情况有些令人遗憾：在他的通信系统还只是处于纸上谈兵的阶段时，沙普兄弟就发明了一种"机械发报"的系统。1791年3月2日上午11点，相距16千米远的兄弟俩成功地发送了一条信息："你成功了，很快会身披荣耀。"他们使用的物件是黑板白板、时钟、望远镜和密码本。

这套系统大获成功。后来法国使用该系统，修建了534个基站，将长达5000余千米的网络连接起来。该系统有一座塔台，塔顶立有一根立柱。立柱上有一根活动臂，由下面的绳索操纵，可依托立柱转动；活动臂两端各有一段可以转动的杆。借助绳索和滑轮，所有可转动的杆可以摆出各种形状，发送不同的信号。两个塔站之间传递一个单词需3分

钟；远距离传送一条消息，比如在相隔约 800 千米的土伦港和巴黎之间传递消息，需要经过 80 个塔站，用时几个小时。

英国海军也建了一套这样的报塔系统，专门负责从东部、南部港口向伦敦发送消息。但是，这些报塔几乎一夜之间便销声匿迹了，这与电报的普及不无关系。19 世纪 40 年代，电报进入商业使用阶段。当年笨重的机械发报系统留给今人的唯一踪迹，只剩下英国、法国和美国地图上的那一两个地名、街名，比如说美国旧金山的电报山。

到了现代社会，电话和互联网相继发明并走入千家万户，通信速度比起几百年前更是不可同日而语。

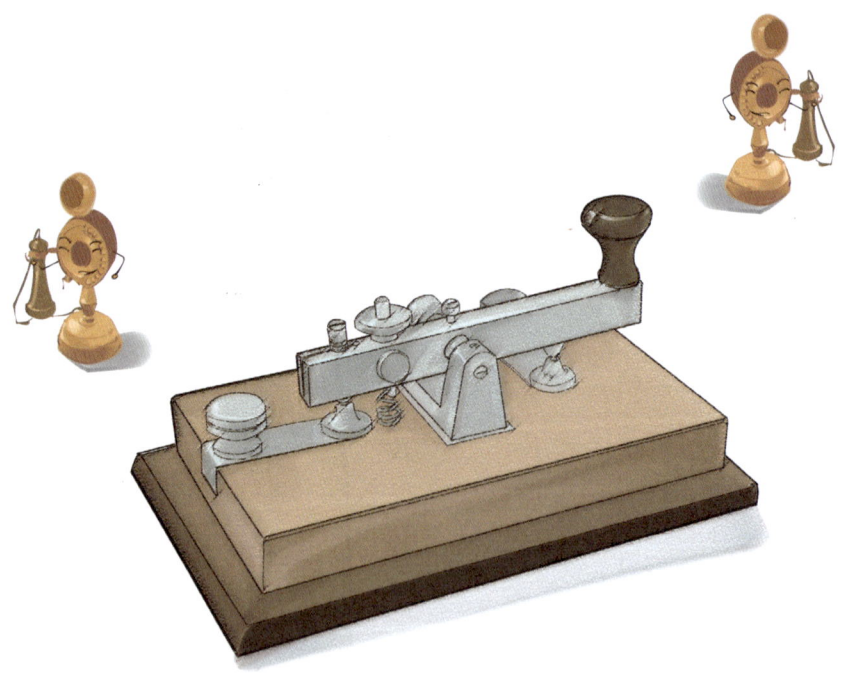

现代电话是怎样诞生的

1877年,最早的一批电话机在加拿大的多伦多面市。它看上去就是一只木盒子,盒子上开有一个孔,孔内有一片振动膜。当电话另一端有人讲话时,声音产生的电流激发振动膜振动。要听清对方的声音,你必须把耳朵贴在孔上,然后回话时再转过头,用嘴对着孔说话。用这种新装置通话时,说话人必须把嗓门提得很高。

一开始,电话是成对卖的,用于连接两地,比如某个人的办公室和家。不久,人们发现这个新玩意儿太有用了,不光可以用于办公室和家里的通信,还可以连接成一个系统,把许多用户连在一起。这样,每个用户可以跟系统中的任何一个人通话。于是,电话越卖越多。这个装置虽然简陋原始,却很有效用。不过它还缺少一项关键功

能，那就是我们今天看到的任何一套电话所必备的功能——让你知道有人打电话找你。

如果你碰巧拿起电话，正好有人在线上，你可以和他们说说话。可是要是你没拿起电话，这套设备的局限性也就很明显了。最初，用户用铅笔敲击振动膜来解决这个问题。可是，制作振动膜的材料很脆又不耐用，老是敲破，更换频繁。还有一个解决办法就是对着电话大喊。这时，你只能期望你想与之通话的人离电话很近，能听见挂在墙上的话筒里传出的微弱的说话声。

后来一个名叫沃森的人发明了一种可以装在电话机内的振铃。这种振铃可以装在电话机内，只要有人打电话，它就打铃。这是一个很显著的改进，但还是有一个缺点：它不能定向发出电话铃声。一位用户如果需要打电话，先得跟接线员联系。接线员再把系统内的所有电话打一遍。每个机主都要接一次电话，确认那位用户是

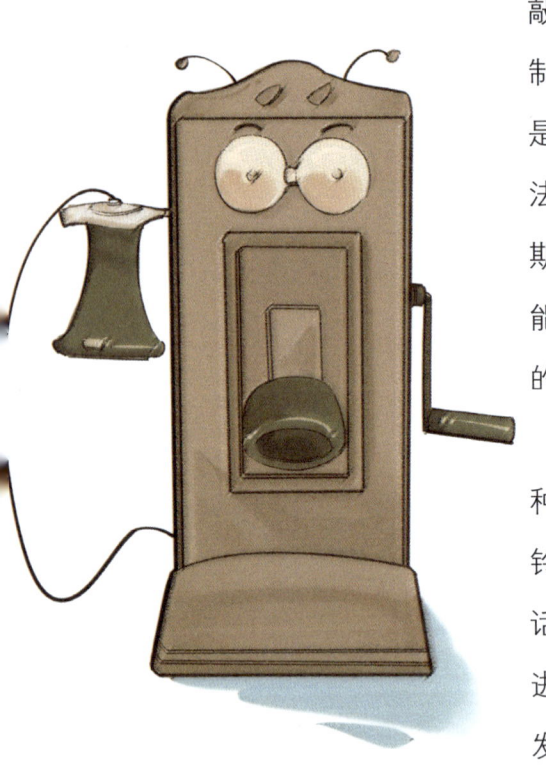

不是要打电话给自己。"一人打电话,全城电话铃响"是当时电话通信的真实写照。

这时,人们需要的是一种让打电话的人不必经过接线员就能直接打电话的设备。阿尔蒙·斯特罗格是位殡仪馆老板,因为不信任当地的接线员——另一家殡仪馆老板的老婆——怀疑她把亡者家属原本打给他的电话都转接给了自己的老公,于是他发明了"斯特罗格交换机"。这种交换机里面设有一百个位置。打电话时,用户只需用按钮敲打出几位数字,就能操纵交换机的一个接触臂,使其转到其中一个特定位置。一百个位置足够让同一交换区内数量不多的用户使用电话。

到此,现代电话的雏形便诞生了。

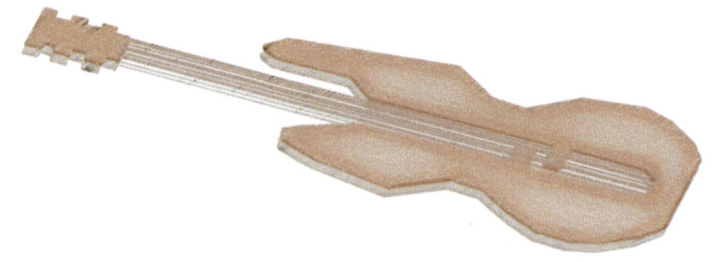

世界最小的器乐三组合

你能想象这世界上存在着比红细胞还要小的一架木琴、一把吉他、一只鼓吗?

当今疾速发展的纳米技术使科学家完全有能力制造出这样的乐器来。现今,科学家们能熟练操纵原子和分子,将其制成各种形状不同、结构各异的小机器——小到人的肉眼根本看不见,甚至用一般的光学显微镜也难以看到。

纳米技术的应用具有无限可能性。我们知道,凡是对人类生活具有重要意义的东西,大都是由原子或分子构成的,像基因、微芯片、药品等概莫能外。在纳米技术出现之前,对原子和分子的整形和修复都是间接进行的。因为我们看不到这些微乎其微的小东西,更不要说能有效地操纵它们。虽然科学家对很多分子的结构有了较为细致的了解,深知要想制出更好的药物、更高产的农作物、更小的微电路,有必要对分子进行一些改变,但是活生生的现实总会给美好梦想的实现制造麻烦——科学家的手指太粗笨,他们无法直接改动分子。

纳米技术出现后,科学家们不断改良相关技术,至今已经可以直接对原子和分子进行精确的操作,从而制造出具有新型生物功能的分子结构。

那么科学家是如何摆弄这些微结构的呢?他们使用被精准控制的光波加热分子,使其结构发生改变。具体来说,在制作那几件"乐器"时,科学家们通过构建几个框架,固定几组不同长度的硅原子,使它们能以不同的频率振动,就像一把吉他的琴弦一样。压紧这几根硅原子琴弦的两端,再用一束光加热,光产生的压力会使琴弦振动,振动频率依琴弦的长短而不同。这项研究的最终目的绝对不是为了开发乐器,

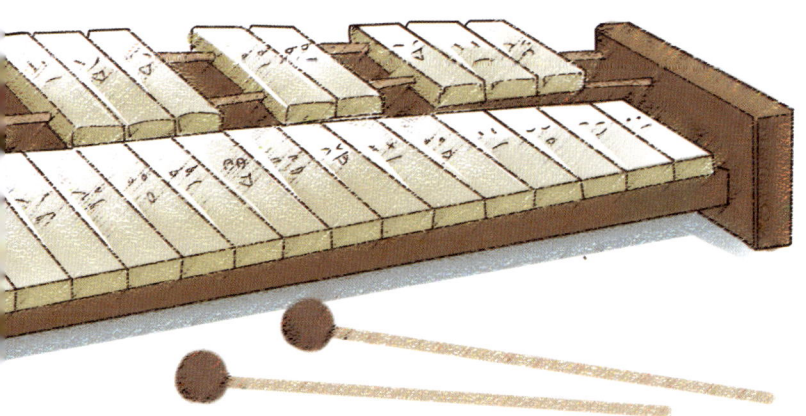

而是开发出控制电子电路的低能耗技术,取代现在由线路实现的电路控制技术——以纳米尺度衡量,线控电路比纳米吉他大得多。这种装置有可能将会替代现在手机里使用的石英晶体振荡器,在功能完全相同的情况下,前者的能耗要低得多。

让我们重新审视之前提到的那几样微型乐器:如果它们被拿来演奏音乐,都有一个难以避免的缺陷——它们太小了,肉眼根本看不见。你要知道,15 000 个纳米乐器加起来才 1 厘米长。所以,它们奏出的"音乐"的音高太高,裸耳根本听不到。它们的音高要比普通吉他高 17 000 个八度音阶呢!

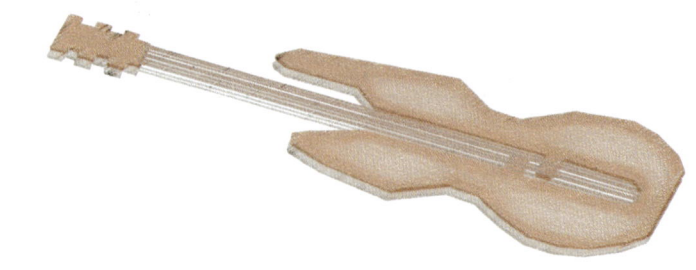

最早的动画片

20世纪70年代后期,一支意大利考古队在伊朗的一个古城遗址内发现了一只古代陶碗。陶碗上绘有有趣的图案,其中包括一条环绕碗边的饰带,上面绘制的是交替出现的山羊和树的图案。后来,伊朗考古学家萨贾迪把交替出现的图画分别复制下来,又按顺序一幅幅连起来,才看清原来图案显示的是山羊跳起来吃树上的叶子这个动作的各阶段的画面。

当然,无人知晓这些图案是否要连续起来观看。伊朗的一位导演根据这个陶碗上的图案内容制成一部动画电影,展示出惟妙惟肖的山羊跳跃的动作。这部动画电影的效果引人注目,但也引发了几个新奇的问题。

像电影那样可以连续播放的真正的动画出现于19世纪,它是随着诸如旋转画筒这类可演示动态画面的光学设备,以及后来的电影术的发明而逐步发展的。不过这些都有赖于对人眼与大脑工作机理的认识。旋转画筒是一个带有狭长窥视

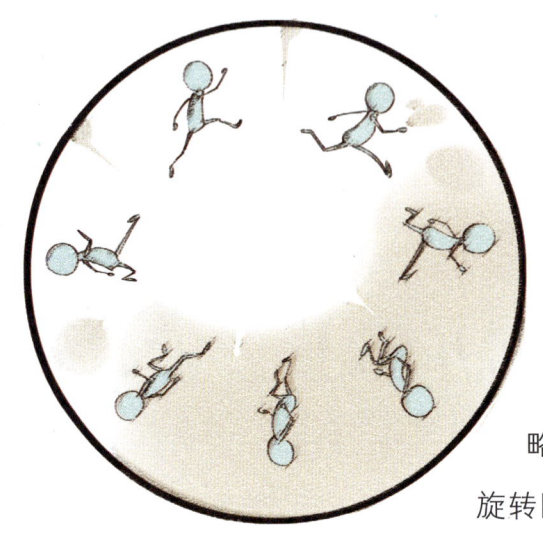

缝隙的旋转圆柱体，通过缝隙人们可以看到一连串的画片。在旋转画筒中，画片围绕圆柱体内部放置，每幅图画都和前一幅略有不同。如果你只是旋转圆柱体，从画片的边缘看这些图片，一连串的画片不会出现动态效果，你看到的只是模糊不清的界限。但是，当你从圆柱体侧面看，转动的狭缝中会产生一幅幅连续的静止画面，画面之间存在短暂的黑暗间隔。在电影放映机放映影片时也会出现同样的效果：每幅静止画面的放映时间是1/24秒，在下一幅静止画面出现之前便会产生片刻的黑暗。这个过程有两点令人迷惑之处：一是为何在黑屏和亮屏转换时我们看不到屏幕的闪烁呢？二是如何能使一连串静止画面在连续放映时表现的动作看起来和真的一样？

人眼看不到闪烁是由一种被称为"视觉暂留"的现象造成的。哪怕是极为短暂的瞬间，只要画面在视网膜闪现一下，这幅画面的信息就会被转变为神经信号从眼睛向大脑传输，从而"拉长"了它在人眼视觉中的停留时间。因此，如果两幅画面的间隔时间足够短，人就感觉不到画面切换时黑暗间隔的存在。

那为何我们看到的是连续的动作，而不是一个个交替出现的静止画面呢？人们研究大脑机制后发现，大脑中存在一个更深层次的信息加工处理过程，能把连续图像中的细微变化转变为实际动作。就运动感知而言，人在看电影或动画片时的大脑活动同观察三维世界中运动物体时的大脑活动很难区分。在极少数情况下，有些人不能识别真实世界中静止的物体，而只有当物体动起来时才能看到它。相反地，还有的人识别静止物体没问题，而一旦物体移动时就看不到它了。

正是由于利用了视觉暂留以及运动感知所产生的错觉，电影首次公映时就给人们带来了强烈的视觉冲击。

前进的车轮为什么看起来像在倒转

当电影里的马车在大草原上疾驰时，我们会感觉那车轮有时候看起来像在倒转。

这种错觉跟电影每秒投射24幅静止画面有关系。每一幅画面都会在我们的视觉系统里停留一会儿，直到被下一幅画面代替。摄影机在拍马车的轮子时，是通过捕捉车轮辐条位置的改变来记录车轮的转动的。而表现这个过程的影片事实上可能会让人产生三种错觉：第一种，马车在疾驰，车轮却好像是静止的；第二种，轮子在向后转；第三种，车轮的确是在向前转，但转得太慢了。我们只要把第一种错觉——车行而轮不转——形成的原因解释清楚了，那么其他两种错觉就容易理解了。

我们假设一个车轮只有四根辐条。在第一幅画面里，这四根辐条可能呈现出一个十字交叉的形状，四根辐条或竖直或水平，像钟表指针一样，分别指向12点、3点、6点和9

点的位置。如果在第一幅与第二幅画面拍摄的时间间隔内,车轮恰好转过四分之一圈,那么辐条给人的印象是没有转动。因为在第一幅画面里指向 12 点位置的辐条在第二幅图像里正好指向 3 点的位置,其他辐条也都各自转动了四分之一圈,四根辐条依然保持竖直或水平,完全没有改变,因此我们会觉得辐条没转动。如果马车保持这个速度行进,下一幅图像显示的辐条又是只转动了四分之一圈,车轮看起来还是一点都没转动。这个镜头持续放映几秒钟,100 多幅画面就放过去了,只要马车不改变速度,我们就会看到这辆马车在飞驰,而车轮却一动不动。

接下来我们解释第二种错觉。假定在拍摄相邻两幅画面的时间间隔内,车轮不是恰好转动四分之一圈,而是差一点才转够四分之一圈,譬如说从 12 点的位置转到 2 点的位置,从 3 点的位置转到 5 点的位置,以此类推。在这种情况下,车轮辐条向前转动六分之一圈的效果与向后转动十二分之一圈的效果是一样的。到了下一幅画面,轮子实际上是向前转动了六分之一圈,但看起来却好像是倒转了十二分之一圈。那接下来几秒钟的视觉效果就是,马车在前进,而车轮却在慢慢倒转。

最后说说第三种错觉,当马车在高速行驶时,车轮却在缓缓向前滚动。这种错觉的产生原因就是指向 12 点位置的辐条转过了 3 点的位置,其他三根辐条的转动幅度也一样。所以,当多幅画面连续起来看时,我们会感觉辐条都在向前做缓慢的顺时针转动。

格
物
致
知

高楼大厦会摇摆吗

现在，满世界都是摩天大楼。不知你有没有注意过正在建设中的建筑？一般地，人们在建造建筑时，都是先打好地基，接着就在应该建地板、墙壁和天花板的地方搭建结构框架。如果人们决定搭钢骨架，而不是钢筋混凝土骨架，那么建筑施工队会在地基上安装固定一个几层楼高的框架。这种框架由多根钢柱构成，钢柱间用横梁连接。作为建筑根基的柱桩最厚重，因为它们要支撑整个建筑物的重量。最底层的框架完工后，施工队就会往上增加柱桩，往高处建设。这时用的柱桩不必像根基那么厚实了，因为它只需支撑它上边的建筑重量。

也就是说楼越建越高,立柱也越来越窄,越来越轻。

大家都知道,楼房建越高,地基上的柱桩就越要粗重,因为它们要支撑更大的重量。不过建筑师在设计庞然大物的时候,还会遇到一个意想不到的情况:柱桩除了要承受上边巨大重量所产生的压力,还必须能承受向上拉伸的力,也就是与地球重力的方向相反的力。建筑物在使用过程中,有时会出现这样的情况:地基上的柱桩无须支撑重量,反而必须往下拉住建筑物。

这是怎么回事呢?原来,建筑物越高,越容易随风摆动。当强风吹向建筑物时,由于建筑的阻挡,风被劈为左右两股。风从建筑物左右吹过而产生的空气涡流,就像水中的漩涡。它对建筑物形成连推带拉的力,使得建筑物前后摆动,就像一支渐渐慢下来的音叉。其实,如果建筑确实因风吹而来回摆动,倒还是好事,因为这样能化解一些风力。但是,如果它倾向一侧,势必会牵拉建筑物另一侧的柱桩。如果风力很强,

那就不单单是会减少柱桩支撑的重量,还会形成将柱桩拔起之势。另外,设计师还要考虑一个新问题:建筑物所倾向的那一侧的柱桩,它的设计承重能力一定要大于建筑物的重量,因为这就像是玩跷跷板,一边上翘时,

另一边一定会下降。

　　建筑物在真实世界中的摇摆方向也会令人惊奇不已。我们通常认为，当风吹向建筑物的北面时，如果风力足够强的话，建筑物应该会摆向南面。事实上，空气涡流会使建筑物从一侧摆向另一侧，其摇摆方向与风向垂直。如果风力很强，由风引起的涡流也很强，强到能刮倒建筑物，那么建筑物最后会倒向东边或西边，而不是南边。

不确定的未来

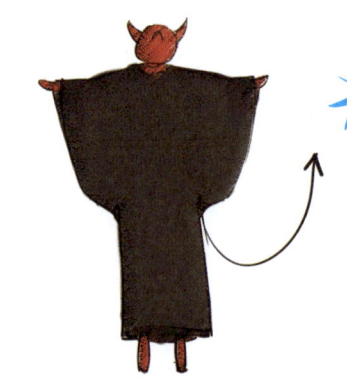

早在原子物理学还闻所未闻的年代,法国数学家、天文学家拉普拉斯侯爵想象出一个"妖"。这个"妖"清楚地知道宇宙中所有原子的精确位置和速度,如果有足够的计算能力,再运用牛顿定律,他就能计算出未来宇宙所有的运动轨迹。他想象宇宙就是一个类似于台球桌和台球构成的简单的物理系统。

事实果真如此吗?

美国物理学家戴维斯在 40 年前做了个推理:在打台球时,不论我们用母球撞击第一个球时瞄得有多精准,我们都不能以小于某个极小数的精确度测量球的位置。因此,在估计球撞击后的位置时,我们的估计值与真实值之间总会有一个极小的误差。而这个极小的误差将在下一个球运动时造成

一个更大的误差，接着误差越来越大。这样，那个在最初还很小的不确定性，会随着后来撞击次数的增加而被极度放大。他对台球的质量、半径和撞击距离等都做了假设，并且计算出经过 11 次撞击后，误差累计大到足以让预测值严重偏离台球的实际运动情况。当然，台球桌和球的不规则性、球手手部的颤抖，甚至温度的微小变化等因素都会增加台球运动的预测难度。无论一开始测量多么精确，与每次碰撞相关的所有不确定因素引起的误差都会随着碰撞次数的增加被不断放大。所以实际上，等不到第 11 次撞球，人们对于台球运动的预测就已经不准了。

所以说，拉普拉斯妖不仅不能凭着对宇宙现时状态的全面了解来预测宇宙的未来状态，甚至连几个台球在接下来的 10 秒左右的运动情况都无法预测。

拉普拉斯妖不仅无法预知未来，甚至连现在的所有细节都无法精确掌握。这就是海森伯的不确定性原理：在观测基本粒子时，不可能同时确定粒子的位置和速度。为了观测粒子的全部参数，人们必须使用某种方法来达成这一目标。而这些观测行为本身，却会影响要观测的对象。就像在我们生活的世界中，人们能通过触觉来感知事物，但触碰物体这个动作本身可能会改变物体的位置。如果物体在移动，"碰触"这一行为还会改变它的速度或运动方向。

不确定性原理反映了原子微粒的一个基本事实，那就是同时具有确定的位置和动量的物理状态是不存在的。对于同一微粒而言，位置和动量这两个物理量，一旦其中一个被测量到，另一个就变得不确定。

真实世界里，不精确源远多于量子世界，所以说未来根本无法预知，先知先觉者根本不存在。

人为什么不会掉进地板里

乍一看，这真是个好笑的问题。从我们的日常经验来看，地板表面是坚固的，它的唯一功能就是防止人掉下去，但要是我们从地板的构成来看，就会发现事实和我们已知的常识大不一样！

地板是由原子构成的，原子是物质构成的基本要素。在20世纪前，人们只是想象原子是坚硬的小球，并未真正了解它。如今，人们对原子的面貌才有了更细微的描画：原子"图"是由一个直径为1个单位的坚硬的原子核和围绕它的一些微粒电子组成的，这些电子可能出现的位置主要集中在一片形状像云团的空间中，云团半径为30 000多个单位。

超过99.9%的原子质量集中于原子核，原子核与原子的"外表"之间几乎没有质量，甚至连电子都没有真的在"那里"，它就是一团内部密度有差异的云，电子更有可能出现在云团密度最大的地方。只有当科学家使用精密仪器从中弹出一个电子，或让它产生辐射时，才是电子真正"存在"的时刻，此时我们才能知道电子的位置。

而原子呢？真正用来测量原子核距离的单位叫作"费米"，一个费米即一千万亿分之一米（10^{-15} 米）。原子核直径大概有两个费米，而原子的半径约有 100 000 个费米，所以即使 100 亿个原子排成一队，长度也才 1 米。很难理解，对吧？假如原子核和一个直径 10 厘米的橘子一样大，那么电子云团的边缘距离原子核有 5 千米那么远。所以任何由原子构成的实物，比如一块地板，可以说 99% 的部分都是空的，就像一块辽阔的平原上每隔几公里散落着一个橘子，质量极少的电子云漂浮在周围。

现在，大家明白科学家要问"人为什么不会掉进地板里"的原因了吗？原来不仅"实实在在的"地板内大部分是空的，就连立在地板上的鞋子或脚也都是原子构成的，空间与质量之比同样大得不得了。为什么这两个基本上由空荡荡的空间构成的集合物碰在一起时不会彼此交叉穿过呢?

问题的答案在于"实心"的真正内涵。如果我们认为"实心"的意思就是一片空间充满了质量,那么地板似乎就不是实心的。这时,我们需要认识原子的另一特性——围绕原子核的力场。当两个原子靠近时,每个原子会受两种力的作用,一种是吸引力,一种是排斥力。一个原子向另一个原子靠近,最后会停在两种力互相平衡的某一点上,于是原子被牢牢地固定在这个位置上。一个原子团就是由这两种力将原子结合锁定而成的。譬如地板这样的固体物,其他原子要想拆散它们,在不断靠近的过程中也要达到一个平衡点,由这个平衡点再向前靠近一点儿,其他原子就必须克服更强大的排斥力,而这个排斥力要比把你的脚拉向地板的重力大得多。

所以,正是由于脚和地板之间强大的原子排斥力使两者间保持着一个微小的间隙,你才不会从地板上掉下去。

鞭子为什么能甩出噼啪声

甩动鞭子会发出噼啪声，我们都习以为常，这有什么奇怪的吗？但到了爱钻研的科学家眼里，这又是一门学问，他们想弄清楚鞭子是如何甩出噼啪声的。

早在20世纪初就有人写出研究报告，说鞭子之所以发出噼啪声，是因为鞭梢冲破了音障。后来，还是在20世纪，人们用高速摄影机拍摄甩动的鞭子，才发现"鞭子"的鞭绳部分（装在鞭把上的那段又长又柔韧的部分）承受了50 000个重力加速度。这个加速度有多大呢？如果让一个人承受这样大的加速度，他会感到自己身重3000吨。又有科学家认为甩鞭子发出的噼啪声可能是一种音爆，但又不懂这种音效是怎么产生的。还有个科学家曾说，当甩鞭人猛力抖甩鞭把时，鞭绳越细，甩鞭造成的波速就越快，鞭梢细如发丝，轻若纤毫，运动的速度可以达到音速。不过，另一位科学家否定了这个解释，因为他用所谓的线性动量反复计算，结果显示鞭梢只能按初始速度运动。

鞭子发出噼啪声的原因一直众说纷纭,直到美国亚利桑那大学的数学家戈利里写的论文发表,甩鞭之谜才似乎被彻底解决了。他认为,鞭子运动最快的部分是甩鞭人甩鞭时产生的圆环,它的运动速度是声速的两倍。当鞭绳形成的环由鞭把向鞭梢传递时,环顶部质点的速度就是圆环在鞭子上的传递速度的两倍。另外,因为鞭绳一头粗一头细,所以鞭环从较粗的部分向较细部分传递时会不断加速,最后能达到初速度的30倍。也就是说,鞭梢的运动速度远远超过了音速,从而制造出了音爆。

自然界就有动物利用鞭子效应来传递信号或吸引异性。有一种叫"迷惑龙"的恐龙,身长二三十米,其中光尾巴就占了身长的一半。它的尾骨越往末端越细小,就像鞭子一样,所以它可以拿自己的尾巴当鞭子甩,制造出音爆,向其他恐龙发信号。

一个有趣的发

现：雄恐龙可能是利用音爆来吸引异性的。在已经发现的这种恐龙里，恐龙尾骨有一半是融合在一起的。这个事实支持以下观点：尾巴末端的运动速度最快，它承受的压力也最大，尾骨融合在一起可能是反复承受音爆压力的结果。而且现代计算机模拟结果显示，沿这样一条尾巴传递的波的移动速度可以达到约每小时 2000 千米。在这样的速度下，迷惑龙甩动尾巴发出如同海军舰炮爆炸一样巨响的音爆，一点也不成问题。

从欧洲到美国乘车只需一小时吗

1956年,美国律师戴维森坐渡船在英吉利海峡上颠簸了7小时,才从法国到了英国。当时他就想,这个旅程应该有更好的办法。于是在一次午餐会上,他把自己的旅行经历讲给纽约的银行家朋友们听,几个人当即决定

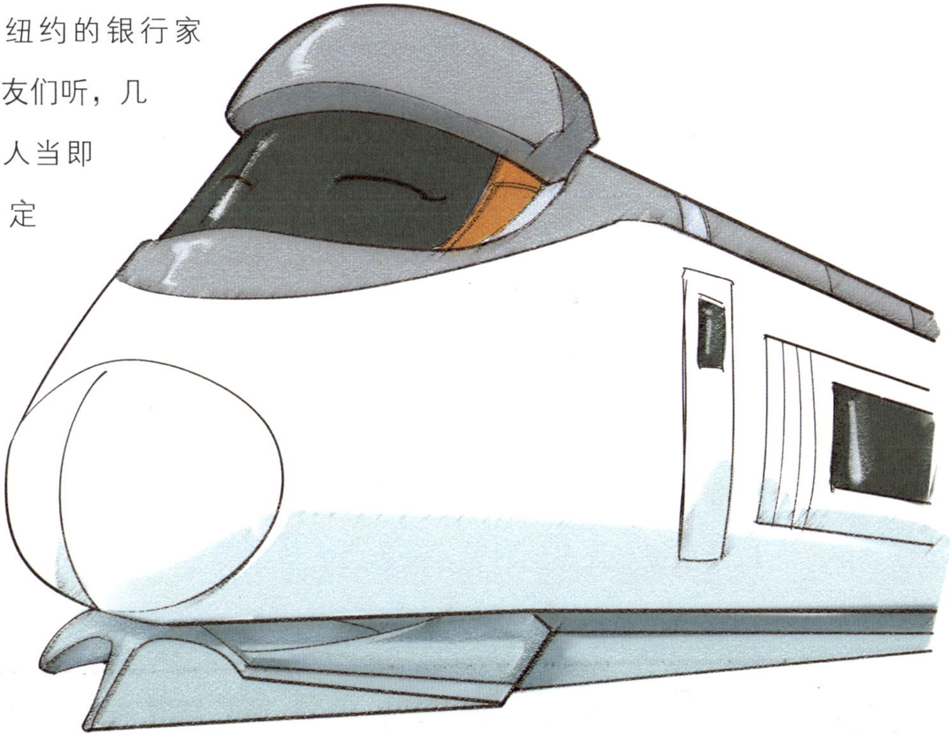

成立英吉利海峡隧道研究小组。仅仅过了40年，海峡隧道就打通了，火车载着汽车和乘客在隧道里穿行，往来于英法两地。不喜欢乘飞机的人再也不用忍受晕船的痛苦了。

戴维森在此基础上又想到另外一条路线。在他生命的最后20年里，他和麻省理工学院的几个工程师一起，提议修造一条横穿大西洋的海底隧道，隧道内修建铁路线，使用磁悬浮列车。这项工程的关键技术是磁悬浮，它是利用列车车体和铁轨各自产生的磁场之间的排斥力，在铁轨和车体间形成一个没有摩擦的磁悬气垫，整个车体就悬浮在这层气垫上，悬浮列车的行驶速度可达约每小时500千米。

可是谁愿意为了从英国去一趟美国坐6000多千米的火车呢？即便火车每小时跑500千米，这一趟也得花费十余个小时，而乘坐飞机最多只要五六个小时。值得注意的是，戴维森的"大西洋隧道"有一个特别之处，那就是隧道里没有空气，列车是在真空里行驶，这样可以节省普通磁悬浮列车与空气摩擦消耗的能量，使火车的速度大大提高。这样，戴维森的火车会比飞机略胜一筹。他力推的这项技术之所以可以无限提高火车的时速，是因为火车在真空中承受的阻力不

会随着速度提高而增大，这和飞机在空气中运行不同。真空中的磁悬浮列车能轻易地以8000多千米的时速行驶，所以当日往返美国是完全可能的，因为单程时间也不过一个小时。

和许多对未来技术的预想有所不同，这套磁悬浮运输系统没有使用新概念、新技术，实施起来只有两个障碍：一是资金，二是公众接受程度。要建造这样一条隧道并不是一项艰难的工程，北大西洋沿岸诸国只要制作好混凝土预制件，然后将它们拼接组装起来即可。全球卫星定位导航技术越来越精密，能够防止火车在高速行驶时意外擦碰隧道内壁。

要是大西洋隧道能建成，人人都能付得起车费。有人估算，乘火车穿越大西洋隧道的单程车票大概需要100英镑，相比于乘飞机更有竞争力，而且速度也快得多。

让我们拭目以待吧！

如何判断物品具有放射性

"放射性"这个术语是居里夫人提出来的。她在法国物理学家贝克勒耳发现放射性物质铀之后,发现了放射性更强的镭。

放射性是一种自然现象。世界上一切物质都是由一种叫"原子"的微小粒子构成的,每个原子的中心有一个原子核。大多数物质的原子核是稳定不变的,但有些物质的原子核不稳定,会自发地发生某些变化。这些不稳定原子核在发生变化的同时会发射出各种各样的射线。能发出这些射线的物质就是放射性物质。有的放射性物质在地球诞生时就存在;另一方面,人类出于不同的目的制造了一些人工放射性物质。

在居里夫人发现镭后,镭被加入矿泉

水、牙膏、面霜和巧克力中，"镭鸡尾酒"也风靡一时。将镭加入颜料后能产生闪亮的效果，这种全新的效果被用来装饰钟和手表的表盘。这就是放射性物质"绿光"的来源。其实这种闪亮的效果并不是由于镭本身在发光，而是颜料中的镭与铜和锌发生反应的结果。这种反应产生了一种叫作"辐射发光"的现象。

事实上，放射线是不可见光，所以即便是在黑暗中，有放射性的物品也不会发出可见光。岩石、土壤和生命组织里都含有放射性物质，试想一下，如果放射线可见的话，那么整个地球和所有的生物都会在黑暗中闪闪发光。

长期暴露于放射性环境中会对身体造成很大的危害，但在镭被发现后的一段时间内，人们并不知道这一点。放射性辐射会使人体组织内的物质发生电离。在电磁频谱的高频端，能量巨大的光子能使原子中的电子离开轨道，使原本中性的原子带正电。带电的原子叫作"离子"。离子通过飞快的连锁反应产生另一个离子，这会改变人体细胞中物质的分子结构，从而损害细胞或细胞内的遗传物质，使细胞死亡或者分裂异常，一旦情况失控就会造成器官受损、功能紊乱甚至癌变的后果。

20世纪20年代，上百名女工的

日常工作是将一种夜光涂料刷在手表表盘上。由于涂料含有在黑暗中发光的镭物质，她们最后都死于损毁面部的癌症。1934年，玛丽·居里由于长年接触自己发现的镭而死于贫血症。所以，如果不得不暴露于放射性环境中，那么一定要做好自身的防护。射线防护的基本措施是缩短时间、增加距离及设置屏蔽减少外来辐射。

当然，我们也不必一谈放射性就色变。医学上也有通过科学控制放射性物质的剂量来帮助治疗病人的方法。如今，像用放疗的方法治疗癌症病人或者用X射线来检查身体这样的医疗技术已经得到广泛应用。此外，放射性也为工业带来了福音。由于放射线本身具有能量，工业上利用核能发电；放射线的成像特性在工业上则被用于探测焊接点和金属铸件的裂缝。

原子粉碎机粉碎了什么

原子粉碎机也叫"粒子加速器"。

一般人对它的印象无外乎是一种可以用很高的能量把原子打碎的设备，来帮助人们发现原子内部的组分，推断原子内部的结构。这样的印象是由"粉碎原子"实验的几个特征造成的。原子及构成原子的一些微粒，如电子和原子核，如果以极高的速度奔向对方，也可能发生碰撞，在它们碰撞之后，会出现先前没有的、被看作是来自原子"内部"的各种粒子。

想象一下两辆相向疾驰的双层巴士相撞后的场景。一般地，我们会认为它们会分解成座椅、发动机、车轮和车窗等零部件，当然还有乘客和司机，但事实上，原子撞击和车辆相撞完全不一样。物理学家建造粒子加速器，能引起能量越来越高的碰撞，它的目的是产生以前根本没有的粒子。这样碰撞的结果之奇异，相当于两辆双层巴士相撞，

撞出了1辆白色的轿车、1辆黑色的摩托车、1个电炉、3张木制饭桌、100只茶杯、6个大礼盒以及1吨白灰。这下，你能理解原子粉碎机的奇异之处了吧？

如果实验进展顺利，接下来会发生这样的事：由于碰撞的速度太快，所有粒子都被转化成能量。爱因斯坦的一个最重要的创见就是质量和能量可以相互转换。他的著名方程式 $E=mc^2$ 就是质能转换方程。简而言之，就像英镑和美元的转换公式 $€=\$c^2$ 一样，如果其中的 c 是1.25的话，那么 c^2 就是1.56，也就是说1英镑可以兑换1.56美元。把100英镑换成156美元后，你还可以接着把156美元换成任何你想要的其他货币，这时的换算与你拿英镑换美元这件事就没关系了。

所以，粒子碰撞后的结果首先可能是所有粒子一同消失。就像英镑消失一样，它们被一股能量——相当于一捆美元——给代替了。紧接着，这股能量转化成新的粒子。因为这股能量没"记忆"最初参与碰撞的粒子，所以它想变什么粒子就变什么粒子，看似完全"随心所欲"，但却按照质能转换率进行转换。如果经常做这类实验，那么高能量碰撞产生的粒子中一定会出现当今宇宙里没有存在过的新粒子。物理学家正在运用这一知识，使用粒子加速器再现宇宙早期的状况。他们认为，在宇宙早期的那种高能环境里曾经产生又毁灭过各种粒子。

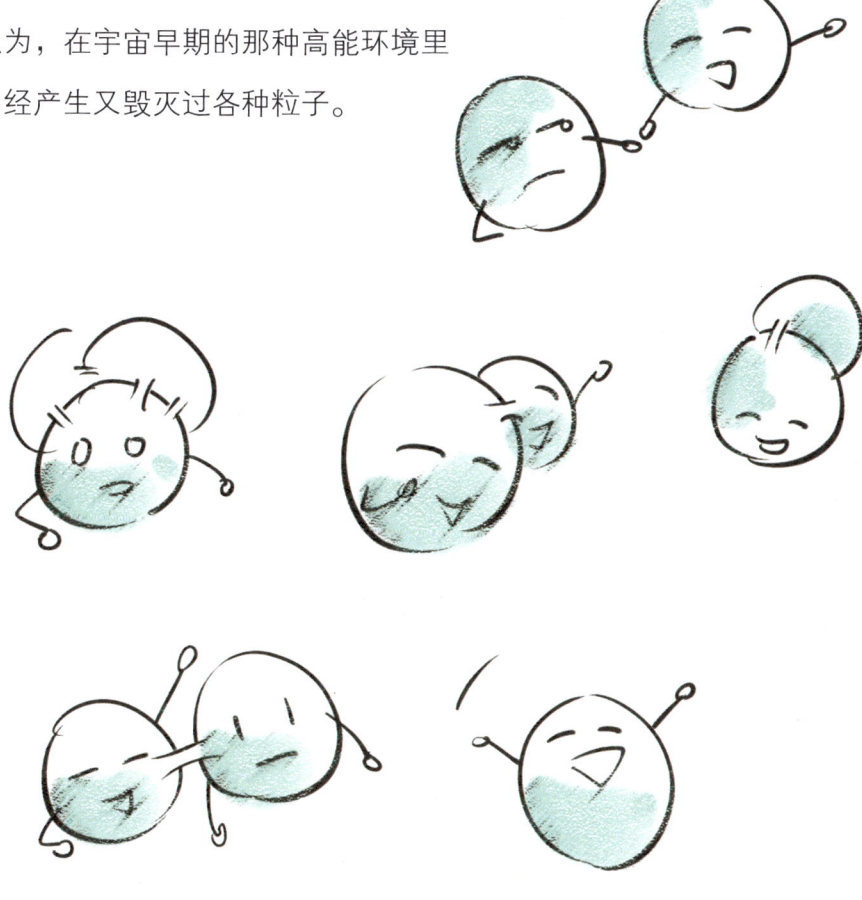

人眼能看见中微子吗

中微子是一种奇怪的粒子，与质子、中子、电子等构成物质的普通要素相比，它显得很神秘。后三种粒子都是有质量的，虽然电子的质量仅有质子或中子的 1/1840，但我们仍然有可能测出电子的质量。可是，中微子太轻了——还不及电子的质量一万分之一——这么多年来，没人能测出中微子的质量，但科学家认为中微子肯定存在，因为有些物理方程式必须有中微子才能平衡。然而多年来，人们一直没有办法展示它的存在。

我们知道，所谓"实"的物质其实大部分是空的。一粒原子由一个原子核加一堆云雾般的电子构成。所以，当你向一堆原子发射一个带电荷的质子时，它的行进路线迟早会在原子内部电荷的作用下发生偏斜,甚至还可能被电荷吸收。而中微子几乎无质量,也不带电荷。它与其他物质的相互作用非常非常微弱。所以,它能从厚达1光年的铅层里穿过,毫发无损地从另一头出来。

由于任何中微子与其他微粒子相互影响的概率非常小,很多中微子一直不停地从太阳到达地球表面。向着太阳的地球表面每平方厘米每秒可接收到大约700亿个中微子,且这许多到达地球的中微子中的绝大部分还会直接穿过地球,从另一侧穿出。不过,如果有时碰巧条件合适,中微子会与物质粒子发生相互作用,产生比物质中的光速还快的电子。

我们知道,真空中没有什么物质能快过光速。在其他介质里,例如水里,光速一般要比真空中慢一些,在有的介质中光的速度也许比它在真空中的速度慢一半。这时,粒子的速度有可能超过介质中的慢光速。如果发生这种情况,粒子会爆发出一道蓝色辐射,就像某物的速度超过音速时发出的声爆一样。

基于这个原理,科学家利用一只巨大的容器来探测中微子。容器里面充满一定密度的透明物质,像重水或干洗

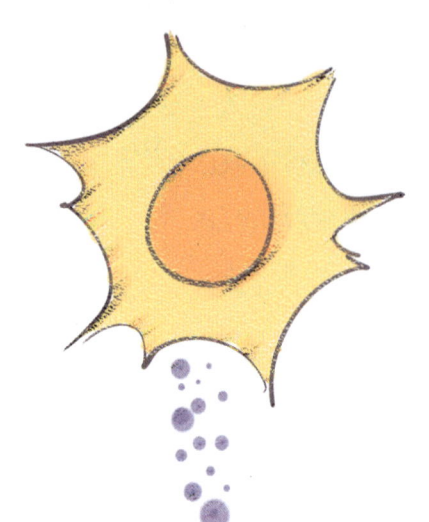

液。因为地球表面各处时时刻刻都沐浴在中微子里，所以，如果科学家等待足够长的时间，在条件正好合适的时候，他们就会探测到那泄露天机的蓝色辐射，并由此证明中微子与透明物质发生了相互作用。

那么，也就是说人眼有可能探测到中微子？按照概率，每秒钟通过的约700亿个中微子中正好有一个能触发出蓝色辐射，人眼是可以看到这个效果的。但是，实际上人们看到中微子的机会微乎其微。

为白贝罗鸣不平

你不一定听说过白贝罗,但却可能对多普勒耳熟能详。是的,多普勒就是因为提出多普勒效应而赢得了美誉。这个效应对我们每个人而言都不陌生,这么说吧,就是响着警报器的救护车或者警车呼啸而来,又呼啸而去的那种声音效应。

这个效应之所以让多普勒成名,是因为他是提出该效应的第一人。不过,他起初是针对光波而不是声波提出这个效应的。他认为:如果恒星向着地球移动,它发出的光看起来会偏蓝;如果恒星背离地球移动,它的光看起来偏红。后来人们证明,多普勒的见解具有极为重要的价值。多年后,天文学家利用"光谱偏移"效应计算恒星在视线上的移动速度,印证了宇宙在不断扩张这一观点。

而发现声波的类似效应的恰恰是荷兰科学家白贝罗。相比光波效应,声波效应与日常生活的关系更密切。铁路发明之前,没人体验过声源倏然而近又倏然而远所产生的音高变

化。一个音高分辨力正常的人可能会注意到这样的现象：当一个骑兵用喇叭吹着一个调从他身边快速经过时，喇叭的声音有些变化。不过，这种体验并非人人都有，因为他很难确定骑兵经过时是否有意改变了音高。

于是，白贝罗在1845年做了个实验。那时，蒸汽火车刚刚问世。他让一辆拖车载着一排号手在乌得勒支至马尔森的铁路沿线上往复行驶。车上的号手们吹着毫无乐感的音；铁路边一群音高分辨能力极强的乐师们就记录下听到的准确音高。他们记录的数据证明了多普勒理论适用于声音：火车从身前疾驰而过时，人们听到的声音由高而低地变化，而音高的降幅与火车的速度有关。

道理很简单。一个音符的音调直接取决于每秒钟到达耳朵的声波数。如果声源朝向听者移动，那么同声源静止不动相比，每秒钟到达听者的声波数更多；如果声源背向听者离去，每秒到达测试者的声波数会更少。听者相向或背向一个静止的声源移动时，也会出现同样的效果，只不过这种情况不为人们所熟悉罢了。想象一下,你乘船驶过一片湖水,风在湖面上形成规则的波浪。船如果逆风而行,每分钟驶过波纹数就会增加;船如果顺风而行,每分钟驶过的波纹数就会减少;如果船的行驶速度和波浪速度刚好相等,波浪看上去就像是静止的。

白贝罗没能凭借发现声波效应而获得美誉,不过最终他还是在自己的专业气象学里总结出了一条以他的名字命名的定律——白贝罗定律。这条定律的内容如下:如果你在北半球背风而立,那么低压区在你的左边,高压区在你的右边;到了南半球,情况刚好相反。这是因为风行的是逆时针圆环形路线,环中央是低压区。

用微波炉烹饪的食物从哪部分开始熟

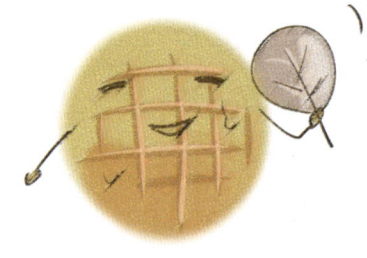

微波，是一种在电磁频谱上介于无线电波和红外线之间的电磁辐射。它之所以叫"微波"，是因为它的波长比无线电的波长短得多。微波用途广泛，手机网络、无线连接（如蓝牙）、全球定位系统、射电望远镜和雷达都依赖不同频率的微波。虽然微波携带的能量大于无线电波，但比起电磁频谱末端的 X 射线和 γ 射线来，它还远远谈不上具有危险性。

说起来，微波炉的发明纯属偶然，它是 1940 年雷达发明的副产品。1945 年，美国雷神公司的一位工程师斯潘塞在一次装配磁控管时，意外发现口袋中的花生巧克力棒熔化了。他猜测这是由于磁控管在起作用，于是造出了一个金属盒子，装入微波辐射设备来验证他的猜想。他用

　这个临时做成的炉子加热的第一种食品是爆米花。当他第二次用一个完整的鸡蛋进行试验时,试验以鸡蛋炸开而告终——鸡蛋内的水分快速蒸发引起了爆炸。

　雷神公司很快于1947年推出了第一台商业用微波炉。到20世纪60年代晚期时,小型的家用微波炉已经出现在美国家庭中。尽管多年来关于微波炉的传言很多,但它还是在许多家庭的厨房中占据着重要地位。

　微波炉并不直接烹饪食物,它所做的只是加热食物中的水分。微波擅长激活水分子,将能量均匀地分布到食物内部,让食物中的水分热起来,热水再将食物"煮"熟。所以,微波无法烧熟完全干燥的食物,如爆米花、米或通心粉。

　处于一盆汤内部的分子并不比处于外部的分子加热得更快。事实上正好相反。如果一种食物内部的浓

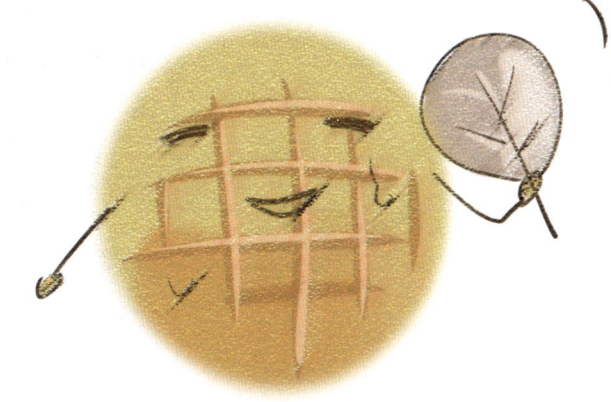

稠程度是均匀的，接近表面的水分将吸收大部分能量，表面会比内部先热起来。所以说，微波炉并不是"从内向外"烹饪食物。有时微波炉加热的食物看起来是内部"先熟"，这和食物的品种有关，比如烤土豆和苹果派，外部比内部更干燥，所以水分较多的中心比外皮或外壳更热。实际上微波炉烹饪食物的功能与普通炊具类似，只是前者的能量穿透更深，加热更快。

既然微波是靠激活水分子来工作的，这就意味着食物的温度一般不会超过水的沸点100℃。用微波炉做出来的肉比较嫩，但口感更像水煮出来的，而非烤出来的。所以微波炉做不出像脆皮烤乳猪或土豆片那样酥脆的食品。我们如果想要做成脆皮，就要在高温条件下快速破坏蛋白质和碳水化合物分子，通常需要240℃或更高的温度，而这对微波炉来说是不可能完成的任务，无论它有多大功率。

物质与文明

开车时最经济的速度是多少

很多年来，汽车制造商都告诉汽车司机，燃油效率最佳的驾驶速度大约是每小时 88.5 千米，但其实最佳的驾驶速度远比这慢得多。

2008 年，英国知名汽车杂志《汽车世界》为了研究燃油效率，测试了 5 辆规格不同的车。研究发现，在时速低于 64 千米时，它们的燃油效率都达到了最高。研究还发现，一辆车在时速 112 千米时，比起在时速 80 千米时多消耗将近 40% 的燃油。研究报告总结道："车辆行驶平稳时，走得越慢消耗的燃油越少。"这是个简单的规律。

当然，车不只是开得快才费钱，挡位不同油耗也有差异。现代的车辆开动时比以前的车辆安静多了，这会让人误认为车辆行驶得很平稳，从而忘记按照应有的频率更换挡位。要知道，在时速 64 千米时行进相同的路程，以 6 挡行驶比 4 挡节约 20% 的燃油。当然，这是对手动挡的车而言的。现在很多车都是自动挡,很多驾驶员也不会开手动挡的车了。看来想用这个方法省油有点难。

另外,空调系统也会降低燃油效率。开着空调行驶时,车的耗油量会变多。如果你想打开车窗来替代空调,你又得消耗更多汽油来对抗空气阻力。2006年,曼彻斯特大学的机械、航天和民用工程系在进行测试时发现:从一辆以48千米的平均时速行驶的中型汽车中,伸出两面飘动的旗帜,它们产生的空气阻力足以让车辆每小时多消耗1升燃油。在每次世界杯足球赛举办期间,许多球迷开着汽车四处转,从车窗中伸出的各色旗帜迎风挥舞,这要浪费多少汽油啊!

由此看来,开车费油的影响因素很多,甚至连打开车载收音机都会增加燃油消耗量!

当然,载重量也会影响燃油消耗量。在美国,很多司机体重超标,每年会因为多出来的体重而浪费掉价值近30亿美元的燃料。这么看来,减肥还能帮助国家节能呢!

以适当的速度行驶还有其他好处。英国能源研究中心认为，如果每一个英国驾驶员都能以不高于每小时112千米的速度行驶，那么减少的二氧化碳排放量相当于300万辆轿车所能排放的量。

所以，不管是为了节油省钱，还是为了改善全球环境，我们都必须严格遵守交通规则，严格控制好行驶速度。

全球灾难先生

我们的环境所遭受的威胁,如全球变暖、环境污染,都有范围大、波及面广的特点。从表面上看,个人不太可能对世界环境问题造成很大影响,然而,美国的一位发明家米奇利,却是制造全球环境的两大隐形杀手的罪魁祸首。他发明了一度被广泛应用的两种东西:一是含铅汽油,二是冰箱里的氟利昂。

米奇利提出用铅作为汽油添加剂,消除汽油的"爆震"问题。汽油过早燃烧会产生爆震,损坏发动机。当年他发明这种办法的时候,人们就知道铅对人体有害,所以制造商把这种加铅的汽油称为"乙基",不用全称"四乙基铅"。在研究了数年添加剂之后,米利奇本人也深受该项发明的副作用的毒害——他中了铅毒。不过，这只是个小病。尽管他本人已是受害者，制造厂里还死了10个工人，另有一些人因为铅毒产生幻觉、精神错乱，米奇利还是想方设法打消人们的疑虑。他不惜将这种添加剂倒在手上，用劲吸入肺里，并声称自己每天都可以这样做，这对身体无害。但是，并没证据证明他天天如此。

他对人类的另一个贡献是制成了一种包含不同原子的化合物氟利昂，这种物质能替代当时冰箱使用的制冷剂。氟利昂，也叫二氯二氟甲烷，曾被视为一种神奇的化合物。它无色、无味、不燃烧、无腐蚀性，看似是一种无害的液体，性质平和。当米奇利深深吸进一口氟利昂，吹向燃烧的蜡烛时，蜡烛当即熄灭。

米奇利的这两项发明让制造销售这两种产品的公司赚了很多钱，它们统治各自的领域长达几十年。但是，先是四乙基铅，后是氟利昂，还有同类的制冷剂，人们陆续发现它们会对环境造成灾难性影响。汽车尾气将铅排放到空气中，人们吸入被铅污染的空气后，铅会

进入血液,造成神经损伤,尤其是对发育中的儿童损害最大;废弃的冰箱释放出的化学物质,则是造成地球臭氧层空洞的主要原因。

不过,当人们认识到米奇利的发明造成的有害影响时,他已经去世很久了。他的死亡方式有些离奇——他死于自己的另一项发明。1940年,米奇利感染上脊髓灰质炎,两腿残废了,于是他发明了一套特殊拐杖来帮自己下床走路。可这次,他的精明头脑没能预见这套装置的危险性。1944年11月2日,他用这套装置起身下床时,竟被自己发明的拐杖活活勒死了!

蠢分子怪分子

杂环化合物的分子由排列成环状结构的原子构成，通常是由碳原子、氢原子加上其他元素的原子构成。杂环化合物的种类很多，构成各种环状结构的原子数目也不一样；而且有多种元素可以提供除碳、氢原子之外的其他原子。它们都有独特的化学分子式，比如 C_5H_5N 或 $C_4H_8O_2$，这种特殊的分子还有很多变体，各类变体还能结合成新的分子。

然而逐渐地，人们发现用这些分子式来指称化合物太不方便了。所以，在19世纪80年代，两位化学家汉奇和威德曼各自提出一套命名法，为每一种杂环化合物取一个独一无二的通俗名字，既好记又不失文雅。取名的根据有两条：一是环的原子数目，二是参与化合的另一元素的性质。这个叫作汉奇-威德曼的命名法没有顾及英国化学家傻傻的幽默感，它为每一种杂环化合物取了一个完美无瑕的名字。

可是，当替代的杂原子为砷元素时，问题出现了。砷这个词的英文"arsenic"源自阿拉伯语的"al-zarnikh"。汉奇和威德曼教授规定,所有带砷原子的杂环化合物的命名都以"ars"这个前缀起头,其他杂原子则用其他前缀起头,比如氟原子就加前缀"fluor",碘原子就加前缀"iod"等等。到此为止,这样的命名没什么问题。接着他们又规定:根据环的大小,杂环化合物的名字还要加上一串后缀,比如环的元数为三元时加后缀"irine",后缀"ete""ole""inine"和"epine"分别表示四元、五元、六元和七元。这么一来,带砷杂原子且环元数为五的杂环化合物"砷唑"也就不能幸免地被命名为"arsole",正好与英语里有着"坏蛋""肛门"等意思的词汇"arsehole"同音,这下人们就记住了"arsole"。显而易见,它在一般人心目中的娱乐意义要超过它的学术意义。

英国布里斯托大学化学家梅,热衷于研究这个命名法可能生成的化合物名称。他为此自建了一个名叫"蠢分子怪分子"的网站。他在上面写道,一个砷唑(arsole)分子和 6 个苯环结合,就可以生成新的化合物,它的大名一定叫"sexibenzarsole"。这个词的娱乐性更强于"arsole"。它的前缀"sexi-"意为六个,发音与"sexy"(性感的)相近;中间的词根"benz"的意思为"苯",与"benz"(奔驰汽车)同音。难道一个坏蛋和六个苯环结合,竟会生出六辆性感奔驰车来?

看看,本来曲高和寡的化学命名法,竟然会引出这么滑稽有趣的说法来,科学并不枯燥啊!

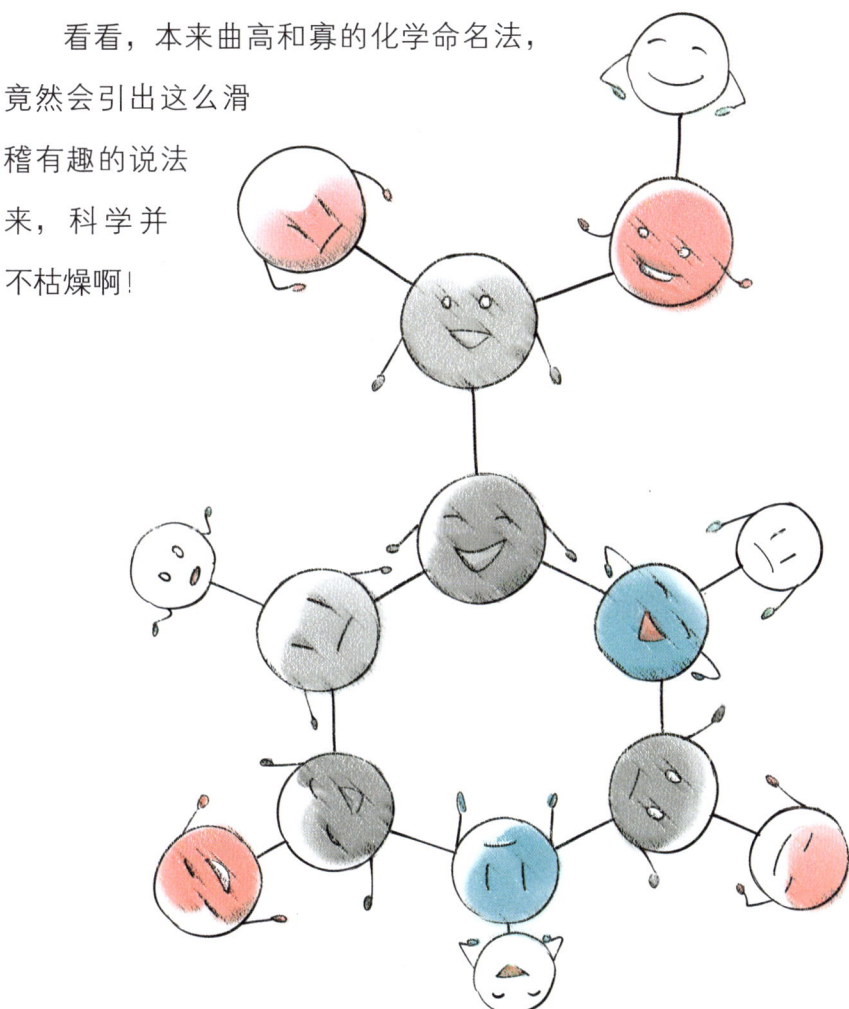

青铜器时代的工具由什么制成

19世纪早期,丹麦的一位名叫汤姆森的博物馆馆长在思考如何有条理地进行展品陈列时,提出了一种史前时代的划分方法:石器时代、青铜器时代、铁器时代。后来,史前史学家就采用这个三代法,根据人类对工具的使用程度,将史前时代划分为三个时期。

石器时代指人们以石头作为工具使用的时代,那时因为科技不发达,人们只能用石头制造简单的工具。或许这个时代更应当被称为木器时代。然而木制品容易腐烂,它们在史前人类的生活中发挥着主导作用的证据今天已无从觅迹,而石器却得以留存下来。

随着时代的推进,人们逐步掌握冶炼金属的技术,人类社会进入青铜器时代和铁器时代。

世界各地进入青铜器时代的年代有早有晚。在欧洲,青铜器时代可以追溯到公元前2300年到公元前600年;在我国,青铜时代所处年代大约是公元前 21 世纪至前 17 世纪，相当于夏王朝的时代，正值奴隶制国家建立时期。至商代，古中国的青铜时代进入高度发达的发展阶段。它的开始以人类首次发现青铜器的制作和使用方法为标志。

青铜器时代的发展进程本该是比较缓慢的。

在青铜器时代的大部分时期内，使用石头和骨头制作工具的旧技术的应用仍较使用金属的新技术更普遍。那时，人们所使用的大部分工具仍是石器工具。

青铜器时代早期，人们发现自然铜矿，开始开采，然后从铜矿石中冶炼金属铜。青铜是将铜与锡或铅按一定比例混合而熔铸成的一种合金。因为这种合金的成分以铜为主，颜色呈青色，所以被称为青铜。青铜是合金，熔点相对低，容易熔化，而且熔化的青铜在冷凝时体积稍微变大，所以填充性很好，气孔也少，铸造性能好。此外，青铜比纯铜硬，可以打造出祭祀用的多种青铜礼器，以及大量工具和武器，像斧头、镰刀、锯子、剑和矛头等。

因为青铜器非常稀有，价格昂贵，所以早期的日常工具和武器仍会由燧石或其他类似的材料制成。不过，青铜的优异性能使得青铜有很广泛的应用，所以青铜的生产发展很快，逐步取代了一部分石器、木器、骨器和红铜器，成为生产工具的重要组成部分。从此，虽然石器没有完全被淘汰，但石器时代终于被青铜器时代所代替。到铁器时代的中后期，青铜工艺达到巅峰。

人类经历了石器时代、青铜器时代、铁器时代，以及标志着生产力发展的近代的蒸汽时代、电气时代，还有现在的信息时代。那么你有没有想过，未来的技术将会把人类带向什么时代？

玻璃能推动人类文明发展吗

公元前 1350 年，埃及就已经出现了玻璃制品，但首次生产出透明玻璃的却是罗马人。他们习惯于把葡萄酒倒入透明玻璃杯，品尝之前先欣赏杯中酒的颜色。

据说 3000 多年前，一艘欧洲腓尼基人的商船，满载着晶体矿物"天然苏打"，航行在地中海沿岸的贝鲁斯河上。由于海水落潮，商船搁浅了，于是船员们纷纷登上沙滩，抬来大锅，搬来木柴，并用几块"天然苏打"作为大锅的支架，在沙滩上做起饭来。等到船员们吃完饭，潮水开始上涨了。正当船员们准备收拾一下登船继续航行时，突然有人发现锅下面的沙地上有一些晶莹明亮、闪闪发光的东西。他们把这些闪烁着光芒的东西，带到船上仔细研究起来。原来，他们做饭时用来支锅的天然苏打，在火焰的作用下，与沙滩上的石英砂发生化学反应，产生了晶莹的物质，这就是最早的玻璃。

公元 12 世纪，欧洲的威尼斯共和国的居民们在伊斯兰移民工匠们的启发下，掌握了制造世界上最精美的玻璃的方法，并由此垄断了玻璃行业几个世纪之久。

高品质玻璃对于西方文化的影响深远。13 世纪末发明的眼镜大大帮助了依靠阅读来工作的学术界人员，使他们的职业生涯至少延长了 15 年。玻璃镜面的精确反射让人们发现了透视法，并在文艺复兴时期的绘画中得到了应用。

在 16 世纪末的短短几年内，相继发明的显微镜和望远镜向人们呈现了两个全新的世界：极其微小的世界和非常遥远的世界。

1688 年，一个名叫纳夫的人发明了制作大块玻璃的工艺。从此，玻璃成了普通的物品。普通人可以使用玻璃作为窗户，而不用在墙上开一个洞来透气，或者像古代东方人一样用纸来糊窗子。玻璃窗不仅可以遮风挡雨，而且可以让阳光照进屋子里。有了光线，污垢和寄生虫容易被发现，有助于保持生活空间的清洁，远离疾病。正是由于玻璃的贡献，到 18 世纪初，欧洲大部分地区消灭了瘟疫。

玻璃烧杯和试管将古代炼金术转变为现代的化学。19 世纪中期，透明而容易灭菌的长颈玻璃烧瓶让法国化学家巴斯德反驳了细菌是由腐败物质自发形成的理论。这一发现让人们对于疾病的认识有了革命性的转变，为现代医学的发展奠定了基础。

此后不久，玻璃灯泡永远地改变了人们工作和娱乐的方式。

随着玻璃生产的工业化和规模化，各种用途和各种性能的玻璃相继问世。到了现代，玻璃已成为日常生活、生产和科学技术领域的重要材料。

材质会影响球的反弹高度吗

从相同高度落到地面时，玻璃弹得最高，其次是钢球，橡胶球弹得最低。

当一个球撞击地面时，它向下运动的一部分能量在撞击中损失了。这部分能量在球的表面压缩时被球吸收，或者变成热量散发了。一般来说，球越坚硬，能量损失越少。有的软球干脆被压扁了，能量全部被球吸收损失而无法反弹。

球弹得高，说明它的弹跳力好，球反弹时损失的能量少。恢复系数是衡量物体在碰撞时的反弹程度的科学术语，它也是描述物体在撞击中所损失能量的一个系数。它的变化范围

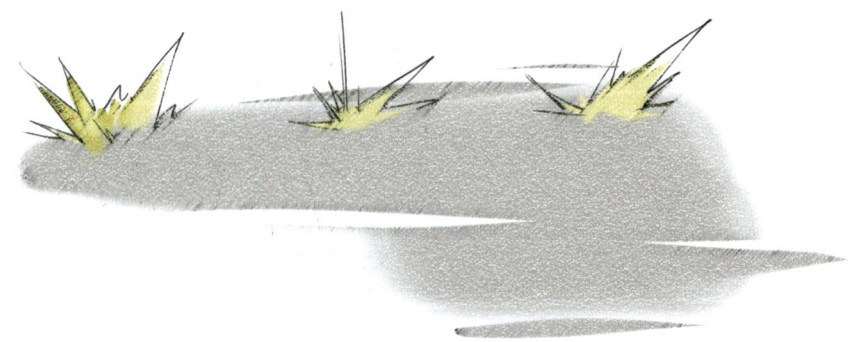

是从 0（所有能量都损失）到 1（没有能量损失）。硬橡胶的恢复系数是 0.8，玻璃球的恢复系数可达到 0.95。也就是说，如果把球扔在钢板上，那么玻璃球会比从同样高度落下的橡胶球弹得高。

另外，弹跳高度还和球所碰撞的物体的材质有关。我们假设同样的东西落在坚硬的表面上和沙地上，那么落在坚硬表面上的物体肯定比落在沙地上弹得高。如果把一块大理石或者钢球扔在沙地上，那么它们都不可能弹起来——所有的能量都通过沙子传走了。

当然，物体能弹起来的前提是碰撞时不会摔碎。众所周

知，玻璃是种日常生活中常见的易碎材料。

玻璃具有很多特殊性质，它不是正常的固体，而是一种无定形固体。也就是说，从微观上看，玻璃同液体一样，内部的原子或分子排列得杂乱无章。熔化的玻璃凝固的速度非常快，以至于它的分子没有时间排列成规则的透明晶格。这是因为玻璃包含少量苏打（碳酸钠）和石灰（氧化钙），它们在冷却时影响了主要成分二氧化硅分子的结构。如果没有这些添加物，二氧化硅的冷却速度会慢很多，这将会形成化学结构非常整齐规则，却没有多大用处的石英。

一些科学家认为，如果有足够的时间——或许数十亿年——玻璃分子最终会排列整齐，形成真正的固体。而现在，它们就像交通堵塞中的汽车——想排成整齐的模式，却被周围的其他车辆阻塞了路线。在这种看不见的混乱的影响下，平滑、透明的玻璃就形成了。

纸币是用什么制造的

西方有一句俗语，它的字面意思是"钱币不是从树上长出来的"，告诫人们要靠劳动挣钱以及进行明智的消费。实际上，第一张纸制的通用货币还真和树有关系。

当金银货币由于太沉重而不便携带的时候，人们想到用轻便的纸质票据来替代货币。在11世纪的宋代，一种名为"交子"的承兑票在中国开始发行。这是一种当持票人提出要求时，票据发行方可以同意支付等价的黄金或白银的票据。这种票据用干的、染过色的桑树根皮制成，并印有签名和官方印章，它被称为"便利货币"。如今，日本的银行券仍旧在用桑树根皮做成的纸印制。

一般来说，纸是由木浆制造的，而"纸币"是由棉花或者亚麻印制的。棉花和亚麻纤维包含的酸性物质远少于木浆，所以不会轻易变色或磨损。这种制造纸币的植物纤维通过浸入明胶来增大强度。在美国和欧洲的一些国家，这种材料现今仍在用于制造纸币。这种纸币的平均寿命大约是两年。

1988 年,澳大利亚联邦科学与工业研究组织在几年的研究和测试基础上,引进了一种由聚丙烯塑料做成的新型银行券。这种银行券更耐用,并且更难以伪造,因为它们更容易适应全息照相这样的安全措施。新西兰、墨西哥、巴西、以色列和北爱尔兰银行现在都转而使用这种塑料票据。2005 年,保加利亚引进了世界上第一款用棉聚合混合物印制的纸币。

货币自发行以来,也不是一直都是棉制或纸制的。在危机时期,银行经常会发行用实物印制的紧急货币,来取代棉制或纸制钱币。1574 年,当荷兰人正在为实现独立而与入侵的西班牙人奋力斗争时,他们就从祈祷书的封皮上取用纸板,印制了钱币;19 世纪后半叶,在俄国统治下的阿拉斯加,银行券是用海豹皮印制的。

国家发行的信用票据是大部分如今发行的钱币的基础。过去，个人和私人银行同样有能力发行承兑票据，这导致了信用问题。历史上发生过很多起这类恶性事件，比如，瑞典的斯德哥尔摩银行是欧洲第一家发行银行券的银行，但在发行银行券的 4 年后，它用完了所有用于赎回的货币储备，最终倒闭。

有时候，纸币的价值会低于它们的生产成本。1922 年第一次世界大战后，德国和奥地利爆发恶性通货膨胀。那时，1 克朗金币相当于 14 400 克朗纸币，使得人们手中的纸币堆积如山。结果，人们随意用他们自己的流通货币当扑克牌玩。

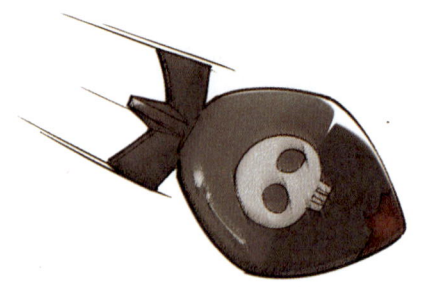

核弹爆炸的尘埃可以利用吗

原子时代早期，一些国家热衷于研制威力强大的原子弹。试爆是研制过程的重要步骤。试爆的位置一般选在非常偏远的地区，比如太平洋群岛。20世纪50年代和60年代，多次氢弹试爆在试验场地产生了大量放射性物质。由于当时人们对原子弹的认知有限，当地一些居民和参加试验的人员均遭受辐射之害。实际上，试验产生的放射性物质的影响范围要大得多——放射性粒子不仅能影响当地，还会扩散进大气，随着气流被带到全球各地。因此，不少人在不知不觉中摄入了放射性粒子，特别是锶90和铯137，它们都是具有长久影响的放射性物质。即便人们已经放弃大气核试验很多年，科学家还是从收集到的新生儿乳牙内检测到微量的锶90——自然界是不存在锶90的，这种锶原子肯定来自核试验。

不过，大气核试验还产生另一种原子——碳14。它成了很多研究项目的焦点，这些研究算是给核试验的蘑菇云镶上了一道金边。

大气里的碳 14 含量每年都不一样。1950 年到 1960 年代后期，由于各国进行了多次核试验，大气中碳 14 的含量达到一个峰值。随着时间的流逝，大气中碳 14 的含量又缓慢降至较低水平，但这个水平仍然比 1950 年前的任何时候都高。大气中的碳 14 被人体细胞吸收，其含量就是人体细胞形成之时大气中碳 14 的含量。人体的某些细胞终生不变，故而这些细胞内的碳 14 含量可以指示出生日期。但其他细胞不断分裂、再分裂，故而这些细胞的碳 14 含量和细胞生成年份的大气的碳 14 含量相当。DNA 分解时，碳 14 含量的瞬态值会被固定。在人出生后，大脑的某些区域再也没有新的脑细胞产生，牙齿也是不产生新细胞的人体部件。在实践中，科学家们通过测定牙齿的碳 14 含量可以确定个体的出生日期。

考古学家可以利用碳 14 确定考古发现的年代。他们通过分析文物中残留的有机质的碳 14 含量来确定文物所处的大致年代。

一群专门研究葡萄酒的科学家们利用这个技术来识别葡萄酒的制造年代。他们所采用的方法就是分析酒里的碳14含量。葡萄酒之所以含有碳14是因为葡萄酒是从葡萄的糖分里酿造出来的，而葡萄在生长当年一定从空气中吸取了碳14。

法医专家也得益于此技术。1992年奥地利的一对老姐妹被发现死在维也纳的一所公寓里。当时，姐妹两人已成干尸，由此人们判定两人已经死了很多年。这种悲惨的事例倒是不涉及犯罪情节，但是姐妹俩都有养老金，在好几家公司买有保险。按照保险政策，不论哪一位后死，都由她继承另一位的养老金和人寿保险，大部分钱会移交给活着的那位的保险公司。这样，就得判断到底是哪位姐妹先死。于是，法医专家测试了她俩骨骼里的脂肪细胞——脂肪细胞是在姐妹俩死亡之前产生的，可以用来测定姐妹俩的死亡时间。就这样，遗产继承权问题迎刃而解。

能自行修复的船

皇家邮轮"玛丽王后号"隶属于英国的卡纳德轮船公司,是第二次世界大战前欧洲上流社会歌舞升平的奢华生活达到顶峰时的产物。它是一座浮动的海上皇宫。战争爆发后,国家就不需要这种奢侈品,而是需要航空母舰,越大越好,允许各种飞机在上面起降。

当时,做金属投机生意失败后转行的发明家派克提出了好几个造船方案,说能建造出身长为"玛丽王后号"2倍、体宽为它3倍的大船,还能让船造得又快又好,节约成本。派克的航母计划所使用的材料是他的朋友诺贝尔奖获得者佩鲁茨发明的,派克把它称为"派克里特"。这种材料由86%的冰和14%的木浆简单混合而成。添加木浆

后，冰就变成了"超级冰"，能够经受得住子弹的冲击。"超级冰"既抗碾压，又易成型，可以做成条块状或其他形状的部件，进而组建出一艘大船。

这个想法太切合当时战争的需要，所以时任盟军联合作战司令的蒙巴顿对此非常感兴趣。他甚至直接向首相丘吉尔展示这种材料的坚固耐用，还成立了一个项目组研究测试它，最终目标是建造具有神奇能力的巨型舰船。派克希望这种船在挨了鱼雷之后，还可以使用船载的冷冻设备和海水来自行修复。派克甚至设想，使用该设备向敌舰喷洒超冷海水，冰封它们的舱口，把敌舰船员活活冻死。

然而，构思是美好的，现实却是残酷的。这个项目进展了一年多，在伦敦设有一个绝密的实验室，在加拿大的艾伯塔省的帕特里夏湖上搁了一艘原型舰。但是，

残酷的战争在继续，武器技术在发展，像"派克里特"航母这种看似有潜力的庞然大物，很快就被淘汰了。造成这一局面的现实原因有三：一是有了航程更远的飞机；二是德国的U型潜艇编阵被盟军破了；三是传说正在研制一种崭新的武器——原子弹，它能一爆定乾坤，立刻结束战争。军方的需求改变了，这个项目也就不了了之。所以，人们最终也没造出能自行修复的战船来。

战争结束后，性情古怪不修边幅的派克依然忙忙碌碌地搞过一段时间发明。他为铁路货车设计了一种靠人力脚踏车驱动的燃料节省装置。之后，他对世界的前景逐渐悲观，为自己的一些真知灼见不能实现而感到无奈。1948年，他自杀了。

撒骨灰会影响环境吗

假如亲爱的父母或别的亲人去世了，我们会按照他们的遗愿，将他们的骨灰撒向他们生前钟爱的高山美景，抛撒前再举办一个小小纪念仪式。这个做法看似没什么害处，甚至还让人感觉很环保。现在70%的人死后是火化的，大多数生者愿意尊重死者的遗愿，把他们的骨灰安放在一个清静的地方，像陵园，而不是摆在家中的某个角落里。有的骨灰就被撒向大海或者高山。不过，新的问题随之而来。英国的一些风景优美的景点出现了土壤化学成分失衡的问题，究其原因，都是火化后撒下的大量骨灰惹的祸。

英国最高峰本内维斯山

的山顶，污染情况已经非常严峻。管理部门要求人们不要再往那里抛撒骨灰。骨灰中钙、磷含量很高，会使土壤的化学平衡发生变化。大量抛撒的骨灰已经影响到耐酸性差、耐碱性差的高山植物，令它们的生存变得窘迫。

当然，任何问题都有两面性。耐人寻味的是在一些植物

遭骨灰戕害的同时，另一些植物却繁茂兴旺，蔓延到原先荒芜的地区。对于这些蓬勃生长的植物而言，骨灰的效果就像园丁用来给蔬菜施肥的煤灰或骨粉。在高纬度地区，由于骨灰的存在，苔藓和青草欣欣向荣，覆盖了原来光秃的岩石和土地。从这个角度来说，骨灰倒是帮助绿化环境了。

一位科学家评论说："骨灰好比给一些植物提供了'豆饼大餐'。"他还说，他一直监测着一片高地山脉，那里16年前曾撒过骨灰，此后植物发生了明显而长久的变化。

看来也不应该一刀切地规定"不允许抛撒骨灰"，而是应该科学地划出一部分风景优美的区域供人撒骨灰，一来让死者安息，二来让生者解脱，三来还能增加植被，绿化环境。

谈天说地

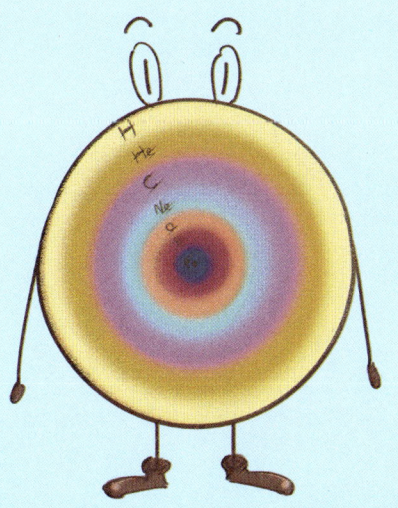

世界上有杀人的怪湖吗

  非洲喀麦隆的一片山区中有一个名叫尼厄斯的湖,湖边有几个村落。1986年8月的一个夜晚,几个村子共有约1700人在睡梦中死去。尼厄斯湖就是杀人元凶,连住在距离湖边25公里的地方的人也难逃噩运。原来当晚,湖里咕噜咕噜直冒二氧化碳。这些二氧化碳形成厚厚的烟云,顺着山坡一路升腾,而后又顺坡而下,飘进峡谷,使所有生命窒息死亡。

  非洲这片土地共有3个怪湖。除了尼厄斯湖之外,另外两个怪湖分别是莫瑙恩湖和基伍湖。莫瑙恩湖在尼厄斯湖出事的两年前杀死了37人,但和尼厄斯湖发作的后果相比,真是"小巫见大巫"。令人庆幸的是,基伍湖还未发作过,但它的二氧化碳含量不比其他两个湖少。

  这类湖泊之所以能夺命,主要因为它们都坐落在火山口上。经过数个世纪的地质变化,二氧化碳自火山内部经湖床渗出。如果是较浅的湖泊,即便有二氧化碳渗出,也会被水

的自然流动冲散，进而从湖表面逸出。可是，喀麦隆的这三个湖泊很深，湖水也不怎么流动，正好压制着二氧化碳气体，使之处于被包裹状态，形成类似于瓶装苏打水的效应。苏打水就是二氧化碳溶解在水里形成的。偶尔，也许是风暴后或山体滑坡的时候，溶于水中的二氧化碳层的稳定态被打破，它便以骇人的力量形成一个巨大的气泡，从湖里腾起到几十米的高空中。由于二氧化碳比空气重，它会落回地面，飘过乡村。在尼厄斯湖事件中，被释放出湖面的约1立方千米的二氧化碳气体，以每小时60千米的速度从湖中心向外蔓延。假如当时湖边装有探测器，离湖边最远的死亡居民就会有15分钟的预警时间，有些人可能会逃过一劫。

由于这类事件发生前没有一点儿征兆，所以人们必须采取措施来减少悲剧的发生。因此，法国科学家现在已经在距

离湖底200米的地方安装了聚乙烯管道,在二氧化碳气体浓度达到危险值之前,通过管道把它释放掉。科学家们坐镇巴黎,通过卫星监视湖的情况,只要二氧化碳浓度有升高的危险迹象,他们就打开管道阀门。

不幸的是,人们经调查发现,这个怪湖上还有一个潜在的危险。在湖的北边有一个很不坚固的大坝,如果它决口了,会造成严重的后果:一是洪水泛滥,二是毒气喷发,估计可以淹死、熏死1万人。

还有一条坏消息:虽然排气管道有一定作用,但是一个科学考察队在2006年对尼厄斯湖考察后报告说,湖水仍然充满毒气,这些毒气随时可能喷发,"对当地居民构成严重威胁"。

住在怪湖边的居民该怎么办?搬家吧!

两极冰盖融化会影响海平面的高度吗

地球变暖引发的一个严重后果,就是令全世界海平面上升,因为温度升高致使地球南北两极覆盖着的厚厚的冰雪融化。大家都知道,过去几年,两极冰雪似有减少的迹象,这表明冰层融化已经开始。北极圈的冰盖在最近的 30 年间已经缩小了 20%。不过,就海平面的变化情况来看,问题并没有我们想象的那么严重。实际上,如果两极的冰盖完全融化,也只有南极融化的冰水才会影响到海平面的高低。

问题不在于南北两极的冰和冰融化成的水在物理性质上有何差异,根本差异在于两极冰盖下面的情况。北极冰盖其实是漂浮在海里的大冰块,而南极冰盖是稳坐于陆地上的大冰块。为了便于说明形成这种差异的原因,我们拿冰山打个比方。水结冰后,冰块的密度会比水的密度小一点点。当 H_2O 分子形成液态的水时,每个分子会和其他 3 到 4 个水分子松散地结合在一起。当温度下降,水变成冰时,每个分子和另外 4 个分子结合得更有序,这样分子间的空隙就更多了。于是冰会漂浮在水上,原因是同等体积的冰和水比较起来,冰中 H_2O 分子的排列不那么紧密,重量会比水轻一点。

那么,漂浮在海面上的冰块融化后会怎样呢?冰的密度比水小,也就是同等质量的水和冰相比,水的体积更小。整个冰山融化后的水的体积相当于融化前冰山在海面下的部分所占的体积。即便海里的所有冰山都融化了,北极的冰块一夜之间全融化了,也不会造成海平面升高。如果把一个冰块放在盛着半杯水的玻璃杯里,然后再将玻璃杯蓄满水,冰块

融化后,水并不会溢出来。北极冰盖融化后海平面不上升也是一样的道理。

但是,南极的冰不全在海里,所以情况完全不同。南极的冰层牢牢附着在陆地之上,这块陆地就是南极大陆。一旦冰层融化,冰水会涌入环绕南极大陆的海域,引起海平面上升。如果南极冰层全部融化,海平面将上升至少 10 米,世界上许多低地将变成泽国。

讲了这么多,不是要跟大家说咱们没必要担心北极冰盖融化的问题。事实上,那里的冰融化的速度比科学家预测的快多了。即便它不会引起海平面上升,冰层融化也会对全球生态的平衡产生微妙的影响。北极圈冰盖缩小,就会减少地球反射阳光的总量。余下的光和热将被吸收,继而提高地球温度。

世界上最古老的核反应堆

大家都知道，核电站会产生核废料，造成环境污染。核废料含有未燃尽的铀，科学家可通过对这种特殊物质的检测来判断附近是否有人工核反应堆。1972年，一位正在奥克洛铀矿工作的地质学家，偶然获得几份铀样本，它们具有核废料的显著特点。可那时，整个非洲大陆连一座核电站都没有，怎么会出现这样的铀样本？一定是发生了奇事。

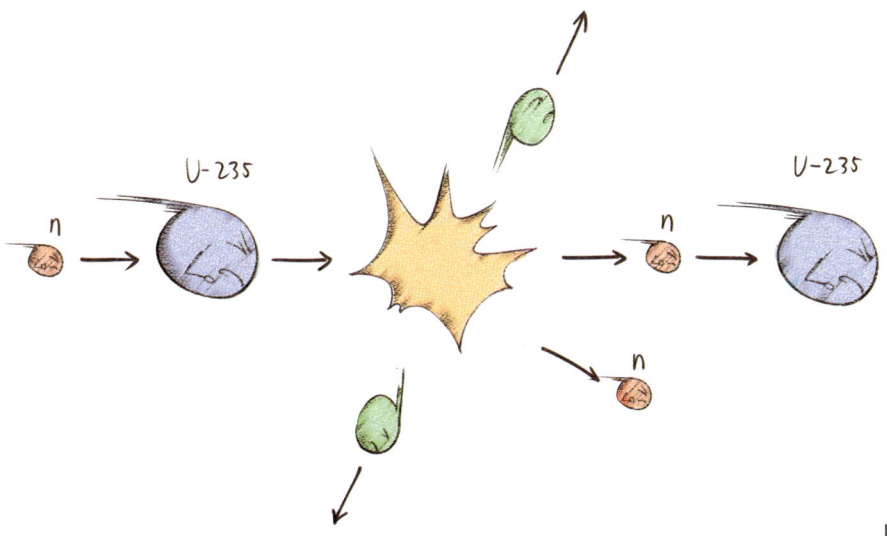

自然生成的铀岩石标本中含有两类铀原子：铀238和铀235。铀岩石中的铀原子大部分是铀238，只有约0.7%是铀235。在核反应堆里，铀235受到一种名叫中子的核粒子轰击。

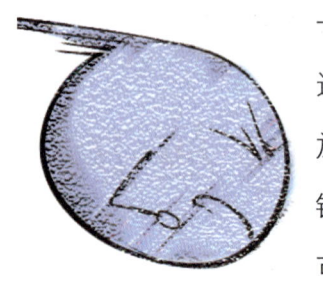

一个中子能让一个铀235释放两三个中子，这些中子继而轰击其他原子，其他原子又释放出更多的中子。如果条件合适，就会形成链式反应，使裂变的原子数不断增加，产生可供发电的热能。反应堆工作有许多必要条件，其中之一就是需要一种叫作减速剂的物质。减速剂通常是一种水，其作用就像一条毯子，能把中子裹住，不让它们溜走太多，避免链式反应终止。

在核反应堆的废料里，铀235的比例比自然生成的铀岩石中的0.7%还要少很多，因为铀原子已经在链式反应中裂变了。奥克洛铀矿矿石的铀235含量和核废料里的含量一样，说明该地区曾经在某个时刻发生过核裂变链式反应。研究奥克洛铀矿石的科学家相信，早在20亿年前，这些链式反应的条件就已经具备。那时，矿石中的铀235的比例比现在高得多，大约在3%左右。铀和其他放射性元素一样会衰变成别的原子，它的半衰期是7.04亿年。由此可以推断，大约几个半衰期之前，也就是20亿年前，自然沉积的铀矿含铀235较多，其含量正好满足产生链式反应的条件。倘若当时周围有水，沉积的铀矿就

可以自然发生一次铀链式反应。那几位科学家又深入研究了奥克洛的情况，进而得出结论：当地的核反应是以几百万年为一个活动周期，链式反应在有水环抱的岩石中发生，原子裂变产生热能，热又将水变成蒸汽，进而破坏水对核反应的缓冲作用，中子逃逸使链式反应停止，温度降低。然后，蒸汽凝结成水，又开始包裹聚拢铀释放出的中子，使矿岩里保留越来越多的中子，引起铀原子裂变，重新启动链式反应。

这项研究还给那些担心核电站核废料储存问题的人带来一个惊喜。这个天然核反应产生的核废料就存放在一堆由花岗岩、砂岩和黏土构成的岩石间。20亿年里，这堆包含剧毒的钚元素的核废料，才挤过岩石移动了约3米。科学家在研究了奥克洛现象后更有把握了：只要把核电站产生的废料存放在地下的石头库房里就能很好地解决这一问题。

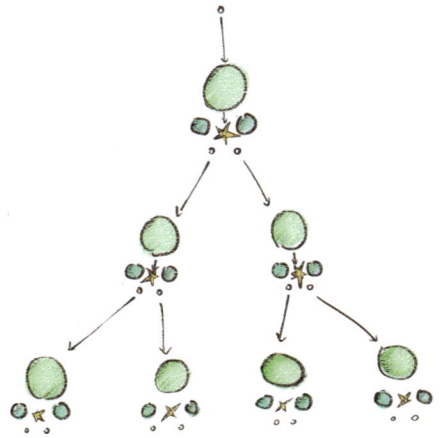

为什么夜晚的天空是黑的

日落之后,没有太阳作光源,我们抬头看到黑暗空旷的夜空,上面只有点点星光,有时月亮会出来溜一圈。对于我们而言,"夜空就是黑的"这一事实没什么值得惊异的。

人们认为宇宙是广阔无垠的,其间散布着无数恒星。如果真是如此,那么不管你朝着夜空的哪个方向望去,你的视线(从你的眼睛向太空划出的一条射线)都会一直延伸到一颗星星的表面,那么你看到的整个夜空应该都会像恒星表面一样明亮。就像你身处一片长有无数棵树木的森林中,当你环顾四周时,你的目光总会被树木遮挡。

这个推断有错吗?你或许会说:也许有些恒星很遥远,它们发出的光亮被尘埃挡住了。太空中确实存在星际尘埃,但尘埃不会令星光消失,反而会被星光加热,继而再将星光以红外线的形

式辐射回去。所以,从整个电磁波谱来看,宇宙中总亮度应该是不变的。

那么这样看来,为了解释"夜空为什么是黑的"这个问题,我们只得认为宇宙并非无限大或无限久远。

现在大家都相信,宇宙始于 130 亿到 150 亿年前的一次大爆炸。它由一个点向外膨胀,它的"边缘"离我们大约有 130 亿到 150 亿光年远。夜晚的天空之所以黑暗,也许是因为宇宙的边缘之外,再没有星星为夜空增添光亮;就像森林里的树木一直延伸到离我们 24 千米远的地方,再往前便没有了,在这种情形下,我们便可以看见森林边缘外的依稀亮光。

作为对夜空黑暗的一种解释,这是个很好的尝试。不过,即便在我们居住的有限宇宙中,从地球以外一直到宇宙的边缘,散布在天空里的星星也多得足够让夜空灿烂耀眼了,可我们实际见到的夜空却并非如此。所以,我们还需另找解释。

直到 20 世纪初,人们才接受了宇宙在不断膨胀的理论。这其中蕴含了一种认识:离地球越来越远的恒星看上去不怎么明亮是因为多普勒效应。这和观察者聆听移动着的声源能感觉到声调变化的道理一样,观察者看到的光的色彩也会随着光源与他之间

相对运动速度的变化而变化，离地球渐远的星体发出的光的光谱会整体向红光光谱方向移动。由于哺乳动物的眼睛经过进化，对可见光色谱最敏感，加之可见光波段只是整个电磁波谱中的一小部分，随着星光谱线红移，有些光波甚至偏离了可见光谱，于是星光看起来不怎么亮了。所以，夜晚的天空不如我们期望的那么明亮的一个原因，就是由于多普勒效应的存在，快速移动的恒星变得非常暗淡——其实它们本该和移动较慢、离地球较近的恒星一样亮。

宇宙诞生之初的大爆炸一定非常亮，因为能量都聚集在一个点上。既然如此，我们是不是应该能感觉到夜空里的光亮呢？但就星光而言，宇宙迅速膨胀所产生的多普勒效应已经使早期那次闪光的颜色发生偏移，远远超出可见光谱的红色端向着波长更长的方向移动。现在，人们只能检测到大爆炸残留的微波辐射，而人类肉眼却看不到微波。所以，我们在夜晚抬头时看到的就是黑暗的夜空。

难道是智慧生命创造了宇宙

这个问题问得好像有点奇怪,但是它让科学家们费尽心思地钻研了很久。他们通过思考得出了一个结果:宇宙可能只是在有了有意识的观测者之后才存在,在此之前,宇宙只是一种数学抽象。

争论的焦点就是"人择原理"。在这一学说被提出之前的1904年,华莱士就预见到了"人择原理"。他写道:"我们知道,宇宙就在我们身边,它如此庞大、复杂,可能是绝对必要的……为的是能够创造出一个世界,每个细节都应被调配得恰到好处,使得生命的形成井然有序,最终生成人类。"

就在最近,一群科学家突发奇想,认为导致生命起源并最终产生人类的那一系列事件是不可能发生的。显然,我们是在已知自己存在的情况下,提出关于人类和宇宙的问题,对人类走到今天这一步的可能性或不可能性发问,似乎没有多大意义。如果宇宙的年龄、宇宙膨胀率、电子和中子的数

量以及时空维数有一点点不一样,宇宙就不是今天的面貌,人类也不会存在,因此也就没有人为这个问题费神了。

有人提出一个假说,可以绕过在这个唯一宇宙里发生了的一连串特殊事件的推想。那就是假设存在多个平行的宇宙,每个宇宙各有一套不同的法则、维数和常数;没有智慧生命的宇宙要占大多数;只有少数一两个宇宙有智慧生命。但是,即便我们的宇宙是唯一的宇宙,我们存在这一事实也根本不需要什么解释,就像我们的腿刚好让脚站在地上,我们的骨骼就被包裹在皮肤里,没有刺穿皮肤一样理所当然。

但是,在人择理论家看来,多重宇宙学说不受欢迎。他们认为,多重宇宙学说抹去了智慧生命有意而为的假说的存在必要性,而这一假说正是他们所欣赏的。他们当中有些人还认为,宇宙间只有地球存在着生命。

另有一种弱人择原理学说认为,宇宙的各种物理特性必须是现在这样,碳基生命形式才能生存,宇宙才可维持足够长的时间,让生命出现。还有一种强人择原理学说,认为宇宙的目的就是产生智慧生命。

另一派人择原理的观点,就是由物理学家惠勒提出的"参与人择原理",本文题目就源自于它。惠勒认为:如果没有有意识的观测者,就不存在宇宙;宇宙只有在被观测时才是存在的。

最后要介绍的是"终极人择原理"学说。它是脱胎于"参与人择原理"的一个学说。它认为:生命已经开始,宇宙便不可能毁灭它,否则宇宙将会因失去所有观测者而消失。

在太空搜寻"黑天鹅"

不管是在生活中还是在科学研究中，要证明一个假说成立远比证明它不成立难得多。即便我们每次看见一只白天鹅，都没把握确认"天鹅都是白色的"这个假说是成立的；但是，我们只要看到一只黑天鹅，就能证明这个假说不成立。

很多年前，两位宇宙学家里斯和胡特联名发表了一篇论文，提到一个证伪的例子：宇宙已有约138亿岁，一直在不断冷却，冷却过程使宇宙处在一种极不稳定的状态——"极小亚稳态"。这种状态之所以得名是因为它看起来稳定，其实却不稳定，而且还很可能变得极不稳定。就像峡谷底部的圆石，不管你花多大力气以何种方式把圆石推上任何一侧山坡，最后圆石还是会滚回谷底。即便半山腰有一块突出而稳固的岩石，可能会把圆石固定住，但如果你把圆石推到岩石的边缘，它还是会落回谷底。这块圆石所处的状态就是不稳定的亚稳态。

如果宇宙不是真的稳定,而更像是岩石架上的那块圆石,那么宇宙中某一点如果聚集起足够的能量,就很有可能将它"推下"石架。这种情况一旦发生,就会激起一股湮灭波,它以光速扩散,摧毁整个宇宙。那么,怎样才会发生这种能量聚集的情形?这必须靠能量源在空间某个点上碰撞,从而集中起超高能量。

那么要多高能量才能引起湮灭呢?1万亿电子伏特。人们通过观测宇宙,发现没有一种"正常的"能量源能够达到这种聚集水平,即使像黑洞、中子星、白矮星、脉冲星这些能量源,它们具有的极高能量也都未达到如此凝集的程度。另外,高能带电粒子即使高速穿越太空撞到恒星或行星,碰撞产生的能量也不足以引起湮灭。不过,里斯和胡特认为,总有一天科学家能建造出高能对撞机,危及宇宙的安全。

然后,他们又这样想:如果能说明在宇宙的某个地方曾经

存在过这样超高聚集的能量,那么那时激起的湮灭波就会摧毁整个宇宙。既然宇宙仍然存在,显然未曾经历过毁灭性的冲击波,因而宇宙并不处于亚稳定状态。实际上,他们想找到一只"黑天鹅",也就是找到过去某时在宇宙的某个地方曾经发生过的,但并未产生恶性影响的能量聚集。一旦找到这样的能量聚集,他们便可以证明宇宙处在一个极小亚稳态的理论是错误的。

最后,他们研究发现:如果说宇宙处于亚稳定状态,那么两个具有极大质量、接近光速运动的宇宙射线粒子发生碰撞后发生的能量聚集就能引起宇宙毁灭。从宇宙形成之时起,也即在过去约138亿年间,这种碰撞的次数可能有10万次,而我们的宇宙还依然存在着,这说明该假设不成立,宇宙实际上是稳定的。

所以放心吧,任何形式的能量聚集——不论是现在还是将来——都不会引发宇宙瞬间湮灭。

梳理宇宙

多普勒效应是研究天文学的必备工具。我们理解宇宙不断膨胀就是从多普勒效应开始的：从某些恒星和星系发出的光之所以看起来比较红，是因为星体向远离观测点方向移动时，它的光谱线会发生所谓的"红移"现象。光谱线的红移与声源离开听者时声波的音高会降低这两种现象类似。

物理学家使用一种叫作发射线的技术来探测这种光谱线的偏移。任何一种化学元素，如果被放进一颗恒星里加热，或者被放在本生灯上加热，都会发出独特的光线，这些光线处在光谱的某个确定的位置。通过观察光谱中谱线之间的距离和每条线的亮度，人们能够很容易地识别出光线的类型。所以，天文学家看到某种元素的光谱向光谱的红色端偏移时，便知道该元素源正远离我们，再测量它向红色端偏移的距离，进而计算出它的运动速度。

用"红移"来测算快速移动的天体效果不错，但是用它测量移动或变化较慢的物体就不起作用了。在天文学的各个细分领域中,细微的速度变化都至关重要。人们无法用天文望远镜观测到环绕远距离恒星运行的一些行星。但是,这些行星会影响它们所环绕的恒星的运动,人们可以凭借这一点间接探测出这些行星来。

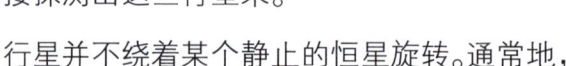

行星并不绕着某个静止的恒星旋转。通常地,行星和恒星常绕着两个星体中心之间的某个点转动,这个点离质量较大的那个星体比较近。这就是说,在行星运行着画出一个大圆圈的同时,恒星本身也在以一种方式移动,这种方式使它在趋近或远离观测者时,分别呈现"蓝移"和"红移"的效应。

不过,与星系退离而呈现的显著"红移"效应相比,这类恒星或行星系统的运动所引发的效应显得微不足道。只有极大的行星才能用这种方法探测出来,大到什

么程度呢,它的质量必须是地球的300倍。很难想象在这样的条件下会产生生命,因为重力效应实在是太强了。

当天文学家使用标准分光镜在谱线中探寻偏移时,常常由于谱线位置的变化太小,分光镜精度不够而探测不出运动。德国马普学会的一群科学家发明了激光频率梳。它使用的是由原子钟控制的激光器,发出的激光能够产生非常精确的人工光谱。这个光谱就像是一把尺子上的刻度,可以根据遥远物体发出的光谱线,极为精确地确定该物体的运动速度。他们能够测出的星体移动速度可以精确到每秒10米。

随着新型观测设备的发明,人类探寻太阳系外有生命行星的活动必将向前迈进一大步。

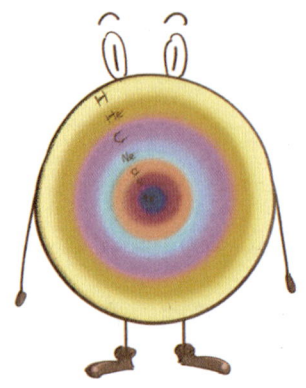

我们是星尘

化学元素构成了我们的身体。我们的血液里有铁,我们的骨骼中有钙。而所有元素都是在恒星不安分的内部生成的,只有一样元素是例外,它就是氢。它是宇宙中储量最丰富的元素,是构成一切恒星的原初物质。至今,它仍在给离我们最近的恒星——太阳提供燃料。氢是种简单元素,它的原子核内只有一个粒子——质子,核外还有一个围绕原子核作"轨道运行"的电子。别看氢原子的结构如此简单,它却是其他含有更多核粒子和更多电子的化学元素的构件。为什么这么说呢?

在一些恒星的生命周期内会发生一系列事件。氢原子在压力的作用下结合生成更重的元素的原子,如氦。氦在高温高压下形成碳和氧。至此最初只有一个质子和一个电子的氢原子已经互相结合形成了更大的原子,有些有6个质子和6个电子(碳原子),有些有8个质子和8个电子(氧原子)。

随着恒星的密度越来越大,这些原子会在重力的挤压下生成更重的原子,而这个过程直到铁原子(含有 26 个质子和 26 个电子)生成之后才宣告结束。恒星内核在获得了更多的铁后,变得越来越重,最后在自身重力作用下,恒星坍塌了。

从气态的氢变成固态的铁核,这个过程大约需 1000 万年。但是当恒星坍塌时,这一切巨变会在不到 1 秒的时间内完成。随后,冲击波从恒星的中心冲出,突破包含各种元素的外层物质。这些元素是在氢元素向铁元素的转变过程中形成的中间物,铁、硅、氧、碳,样样都有。这种爆炸在随后几天产生大量的光和其他能量。从地球上看,一颗恒星突然间亮度增加了很多倍,而后又回到暗淡的状态。我们能观测到的这颗星就是超新星。

那些在恒星内部挤压形成的重元素,在恒星爆炸后扩散到太空中,最终形成像太阳一样的其他恒星。这种恒星由一团物质云构成,物质云被重力吸向中心点。云团里的一些元素凝聚成了行星——我们的地球家园就是这样形成的。从恒星外层喷出的所有重元素会落在地球表面,或飘浮在大气中。这时,这些"星尘"离融入我们的身体只

差一步了。最终，它们在我们身体中的融入比例大致如下：氧65%、碳18%、氮3%、钙1.5%、磷1.0%、钾0.35%、硫0.25%、钠0.15%、镁0.05%，铜、锌、硒、钼、氟、氯、碘、锰、钴、铁共0.70%。

我们体内的氢元素约占总质量的10%。实际上，它不大可能是一颗遥远恒星爆炸后送来的物质，因为恒星之间含有氢元素的气体很多很多。准确地说，我们90%是星尘，因为除氢元素外，其他元素真真实实来自恒星。

天旋地转

有时候科学书看得太多会让人头晕,特别是有关天文前沿的书籍。不说那些天文学所研究的真正奇异的事物,像黑洞、虫洞、多重宇宙、宇宙膨胀之类,就算是天空中比较"普通"的东西,描述它们的词语甚至能令缺乏专业知识的人轻易理解,但有时候也会让你觉得难以置信。

就拿蟹状星云来说吧,它看起来模模糊糊的一片,我们拿台小望远镜就能观测到。那是公元 1054 年人们观测到的一颗恒星爆炸后的残骸。现在,我们可以观测到,这颗星的很多物质正以每秒 1500 千米的速度飞离爆炸中心,星云的直径现在已达 100 万亿千米。更准确地说,这是 6000 年前的情形,因为光从蟹状星云传到地球需要 6000 年。不过这个规模和距离还不至于令人难以置信,关键是蟹状星云的核心是什么情况。

恒星爆炸的残骸,被我们称为中子星。它位于星云的中心,直径大约 28—30 千米。

这颗星星的质量是太阳的两倍,而太阳的质量是地球的 33 万倍。所以不妨想想看,一个直径不到地球 1/200 的球体,它的质量竟然是地球的 60 多万倍!

不仅如此,更惊人的是,这个质量如此之大的球体还在旋转,而且它的转速还极快。蟹状星云中心的中子星每秒自转 30 周,它赤道处一点的旋转速度约为每小时 200 多万千米。这个速度虽说和每小时 10 多亿千米的光速相比还有很大差距,但是对质量达 60 多万个地球的星体而言,还是快得令人咋舌。

还有一点超乎想象:你要是站在靠近中子星表面的任何一个地方,即便你

能承受它散发出的热量和X射线,也会被它强大的重力吸进它的核心。同时,你身体的每个分子都将被分解成原子,你甚至连疼痛也不会感觉到,因为还没等疼痛信号沿你的神经纤维传送出1毫米,上述一切都已发生了。

光想象一下这些,就足够让你天旋地转了,更不用说深入思考研究这些内容了,想的时间太长,会让人发疯吧!一想到这些,我就对天文学家佩服得五体投地,不说他们的渊博知识,光是那个精神定力就让人肃然起敬!

亨丽埃塔的里程碑

1904年，亨丽埃塔·莱维特在哈佛大学天文台测光部工作，每小时收入30美分。她的职责就是翻看数百张银河系相片，测量恒星的亮度。这项工作需要一双好眼睛，精准的记忆力，还有甘于枯燥的极好的耐性。

大多数恒星都有固定的亮度值，但是还有许多恒星的亮度是可变的，这类恒星被称为变星。莱维特的视觉记忆非常好，她只要看一下某晚拍摄的底片，就能马上判断出同一颗恒星的亮度和一周前拍摄的情况是不是一样。靠这个本领，她发现了近2000颗变星，占当时已知变星总数的一半。这是一个骄人的成就。不过，她最顶尖的发现不止于此，而是与其中一类变星有关，这就是著名的造父变星。这类变星与仙王座的一颗恒星具有相似的可变性。

她还注意到，造父变星的变化极有规律——绝对亮度越大，光变周期越长。所以，一颗相当于太阳亮度的 800 倍的造父变星，从最亮变化到稍暗，再回到最亮所经历的时间周期是 3 天，而一颗亮度相当于太阳亮度 1 万倍的造父变星的光变周期为 30 天。这就意味着，天文学家只要测量造父变星的光变周期，就可以测量它的绝对亮度，而一旦知道变星的绝对亮度，利用物理学中的一条平方反比定律就可以计算出它和地球的距离：两颗绝对亮度相同的恒星，如果其中一颗离我们的距离是另一颗的两倍，那么它的亮度看起来就相当于另一颗亮度的 1/4，如果其中一颗离我们的距离是另一颗的 3 倍，那么它的亮度看起来只有另一颗亮度的 1/9，$(1/2)^2=1/4$，$(1/3)^2=1/9$，以此类推。

莱维特的发现大大地扩展了我们对宇宙规模的估计。天文学家用高倍天文望远镜观察，在星系间发现了一些具有此变化规律的恒星。它们起初被认为是属于银河系的。然而，经过测量光变周期，计算恒星的绝对亮度，天文学家们发现这些恒星不可能存在于我们的银河系中，因为如果这些恒星属于银河系，它们应该看起来更亮。事实上，它们看上去非常暗淡，但绝对亮度却又很高,这只能说明一个问题:它们比银河系的星星遥远得多。

银河系的宽度有 10 万光年,也就是说光从银河系的一头跑到另一头,需要 10 万年。第一个被天文学家确认的河外星系距离地球 250 万光年,一下子将已知的宇宙扩大了 25 倍。

100 年前,天文学家们都还认为我们的星系构成了整个宇宙,而莱维特的发现彻底颠覆了这个宇宙图。在她的描绘下,宇宙是广袤无边且不断扩展的,我们的银河系只是这个巨大而复杂的体系内一个微不足道的小星系。这个体系包含了无数个"银河",遗憾的是现有的技术还无法探知它们的存在。

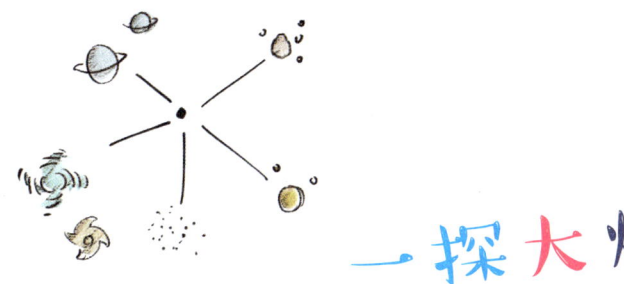

一探大爆炸

你们大概都没看到过模拟电视。随着数字转换开关的登场，模拟电视迅速消失。在模拟电视为主流的时代，老式电视机没有遥控器，甚至没有频道按钮，只有一个旋钮。你可以旋转它，调换不同的 UHF 频率，找到想看的频道。如果在找到频道之前停止转动旋钮，你会看到电视机满屏"雪花"，就是那些随机闪现的白点。你可知道，这些"雪花"同宇宙大爆炸之间，有着隐秘的联系。

1927 年，比利时天文学家和宇宙学家勒梅特首次提出了宇宙大爆炸假说。它的一个推论就是认为宇宙是在 138 亿年前一次强烈的爆炸中诞生的，这一爆炸产生了极强的热辐射，在其后的亿万年间，宇宙一直在全方向地扩张，并逐渐冷却。也就是说，宇宙一开始是一个小

得不能再小的点,温度却高得不能再高。最初,整个空间充满能量,大爆炸是从一个无限小的至密至热的点开始的,这个点就是宇宙的起始能量质点。大爆炸后宇宙不断扩张,恒星和星系在相互飞离,大爆炸之初的高能辐射冷却到电磁波谱的微波区域。模拟电视里的"雪花"的一小部分信号来源就是宇宙大爆炸遗留下来的微波背景辐射。

如果该理论正确,那么现在的宇宙便是历经138亿年膨胀与冷却的宇宙,它的热辐射应该低得多。这和美国贝尔实验室的两位物理学家彭齐亚斯和威耳孙发现的干扰频率很吻合。1965年,他们打算用一架失灵的通信天线来探测来自其他星球的无线电波,但不管天线对着哪个方向,总有干扰,很是烦人。他们认为

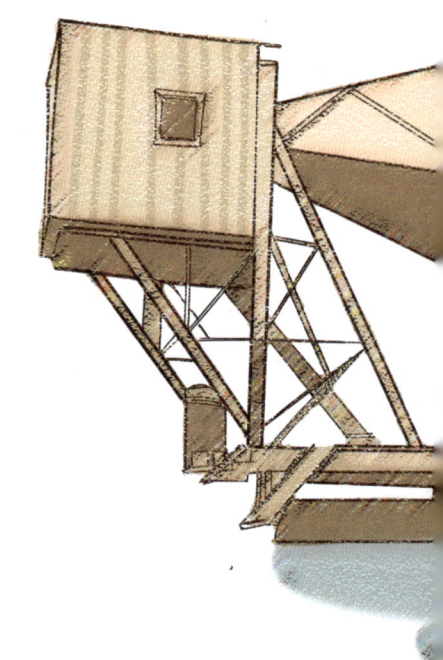

必须先将所有的干扰源剔除干净，才可能测量来自其他天体的信号，因为那信号太微弱了。于是，他俩爬上放天线的屋顶，发现天线上粘了很多鸽子粪，还是热的。他们认为自己找到了干扰源，还发现造成干扰的辐射与温度有关。他们在彻底清理了天线后，回到实验室继续测量，发现干扰的确降低了，但依旧存在。显然，贝尔实验室的天线为大爆炸理论找到了第一条确凿证据，证明大爆炸理论是对的。微波辐射就是大爆炸产生的，他们所使用的天线的尺寸和形状对探测这种微波辐射正合适。

虽然在20世纪20年代就有科学家提出宇宙大爆炸理论，但直到20世纪60年代，贝尔实验室的这两位科学家对宇宙微波背景辐射的发现才为人类所认识。因此，在1978年，彭齐亚斯和威耳孙共同获得诺贝尔物理学奖。

宇宙中的巧合

你见过日全食吗？日全食算得上是天空中最美的景致。见过日全食的人都无法忘怀那一刻的景象：黑色的月亮恰好遮住耀眼的太阳，太阳周围的光晕因为太阳极亮的表面被暂时遮住而变得清晰可见。整个日全食过程大约持续一两分钟。这一景象在地球上每年都会发生一两次，但要是你在同一个地方等待日全食的来临，平均要等上400年才能看见一回。

这一现象可归结为宇宙间的一次巧合。要是月亮小一些，或者离地球远一点，恐怕人们就没有机会看到日全食的壮美了。月亮和太阳能精确地重叠在一起，与"400"这个数不无关系：太阳的直径约为月亮直径的400倍，它到地球的距离也约为月亮的400倍，这样我们从地球上看，它们两个的直径是一样的。

为什么会这样?物理学家和天文学家都找不出原因。怪不得从希腊到中美洲,世界几大古代文明都把日全食现象作为罕见的、突发的重大事件,画入描绘世界、刻画宇宙的图画里。也有天文学家认为地球上的智慧生命和日全食现象是有联系的:千万年间,月球离地球渐行渐远,而后到达了能造成日全食的位置,为智慧生命的产生提供了条件。有些无法用科学解释的巧合现象,往往就会滋生出无数超自然的说法。

现在,宇宙学家大胆猜测:月亮有可能是地球与另一星体发生惊天大碰撞之后产生的,与太阳的大小和日地距离无关。那次碰撞后,有两个因素决定了月球的大小,一是地心引力,二是对着地球的那片区域内碰撞碎片的运动。

顺便一提,从地球上看日月大小相等的巧合不会永久持续下去。从现在起,再过2亿年,生活在地球上的人类将再

也看不到日全食的奇景,因为那时月亮离地球太远了。到时候,人类最多可以看到日环食——太阳形成一个耀眼的光环包围着一个黑色核心。然而,火星上将能看到最佳的日环食,因为它的一颗卫星火卫一看起来大小相当于太阳的3/4。

宇宙如何演化成现在的模样

对于宇宙的发展,我们需要以一种不同于日常的思维方式来认识和理解。宇宙学家用宇宙做想象实验,把一个根本做不了的实验,利用思想同真实世界联系起来,得到了惊人的实验结果。

宇宙在不断扩张,恒星和星系在相互飞离,科学家想象着宇宙星辰顺原路返回的情形,终于看见了宇宙的发展轨迹。他们运用对质量和速度的了解,以及其他大量的物理知识,将宇宙的历史追溯到一百多亿年前的一个时空点——据说那就是宇宙的起点,也就是人所尽知的宇宙大爆炸的发源处。如果时间可以倒流,科学家们能想象出恒星和星系都迅速倒退向一个中心点汇集的情景。可是,当退回到大爆炸之后38万年左右时,整个情景就大不相同了。科学家根据适用于高温高压条件的原子物理学定律,推断出所有的物体会越变越小,继而改变形状,最终化作一个原子般大小的点,温度达

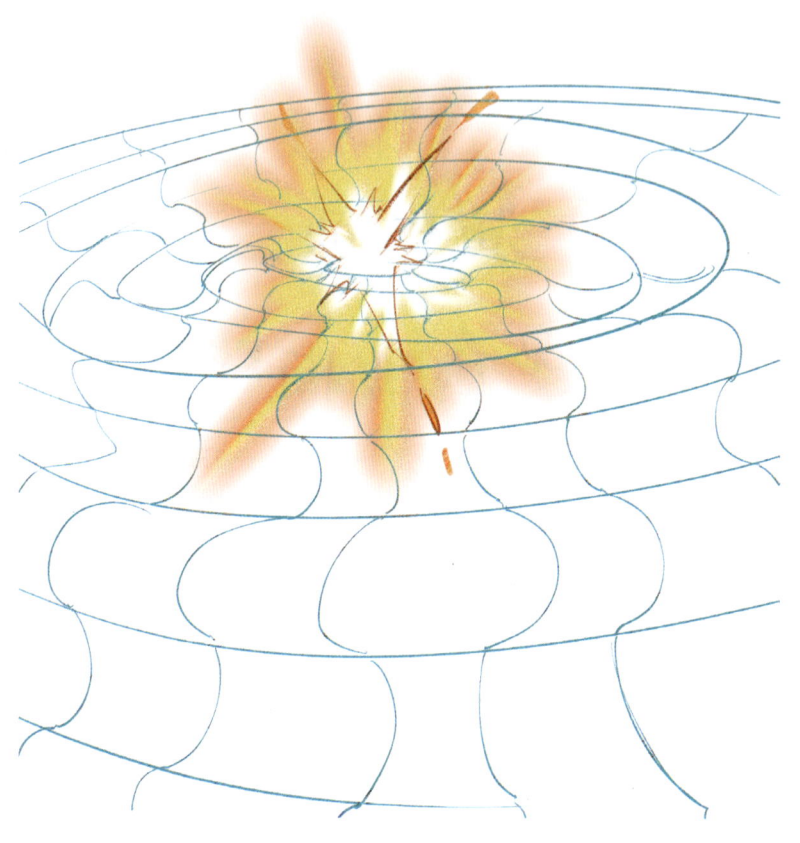

到 1500 万度，这相当于太阳中心的温度。

根据目前的主流观点，宇宙的由来是这样的：在诞生的第一秒，宇宙由一个极热的、半径为零的微粒扩张成一个半径为 10 光年的球，温度也降至 100 亿度。在头一秒内发生了一连串事件。

接下来，这个炽热、高密度、不透明的宇宙不断变大变冷。到了诞生 38 万年时，宇宙变得透明，半径扩大到了 4200 万光年，温度降至 4000 度，中性的原子出现。然后，星系开始逐渐形成并演化。到大爆炸发生后 10 亿年，宇宙才逐渐呈现出我们现在看到的样子。

归纳宇宙的起源，它始于一个至密至热的能量质点。人类无法知道是否曾经存在其他类似的能量质点，也无法推断可能存在的其余的点发生了什么，虽然有可能每个点都是以同样的方式扩张，形成了人类无法了解的宇宙。

只有借助于数学，我们才能真正了解宇宙之初发生的情况。所以要理解这一点，我们还得学好另一门"语言"——数学。

万物皆数

岩石里的时钟

世界万物都有年龄，岩石也不例外，用什么方法可以来测定岩石年龄呢？

测定岩石年龄的最精确的方法是利用锆石。"锆石"也称"12月诞生石"，算是一种半宝石。锆石有很多种，不同的锆石颜色各异，经切割后的宝石级锆石，外观纯净如钻石。锆石到处都有，大部分岩石中都有微小的锆石。

为什么说锆石能帮助人们精确测定岩石的年龄呢？

地球形成于大约45亿年前。在形成初期，它曾遭受高密度的陨星轰击，轰击产生的巨大热能熔化了地表物质。当熔化的岩石冷却后，一些原子团，包括锆原子，形成了晶体。这些晶体一直到现在都保持着封闭状态不变。在形成时，锆石晶体里散布着一定数量的铀原子。铀原子会按已知的速度衰变，最后变成铅原子。另外，锆石晶体在形成时，内部并不含铅原子。从结晶开始，随着铀原子的衰减，锆石晶体内

的铅原子会不断增加。

这样，在刚刚形成的岩石里，一块锆石晶体就像一座被归零的时钟。藏在晶体里的铀原子不断变成铅原子，就像时钟的"嘀嗒"声一样代表着时间的流逝。这种变化并非定时发生，但肯定是按照统计学可预测的方式发生的。铀的半衰期就是指一份样本里的一半铀原子变成铅原子所需的时间。

有一种铀叫作铀235，半衰期是7.04亿年；而另一种铀叫铀238，半衰期是47亿年。因此，如果一粒锆石在形成时含有100个铀235原子，而后铀235原子一个接一个变成铅原子，那么经过7.04亿年后，铅原子与铀原子的数目相等，各有50个。这时，科学家如果测量这粒锆石，就可以知道这块岩石的年龄是7.04亿年。那么再经过7.04亿年，另外50个铀原子的一半也变为铅原子，这时铅原子和铀原子的比率分别为75%和25%。于是科学家能推算出，这块石头形成于十多亿年前。地质学家就是这样利用岩石中的两种铀原子及铅原子的含量比例来计算岩石的年龄的。

公元 2000 年，人们在澳大利亚西部发现了一种深紫色的锆石晶体。它的宽度仅有四分之一毫米，代号为"W74/2-36"。它的铀铅之比显示：它比迄今发现的精测年龄为 44.04 亿岁的岩石还大 9000 万岁。这颗晶体虽小，但却可以用来做很多研究，包括氧同位素测量、稀土分析。这些研究的结果揭示了该地区的这些古老岩石形成的物理过程，还表明水参与了地壳形成，继而证明在地球历史的最初期，既有海洋，也有陆地。

看来，锆石的作用并不局限于测量岩石年龄。

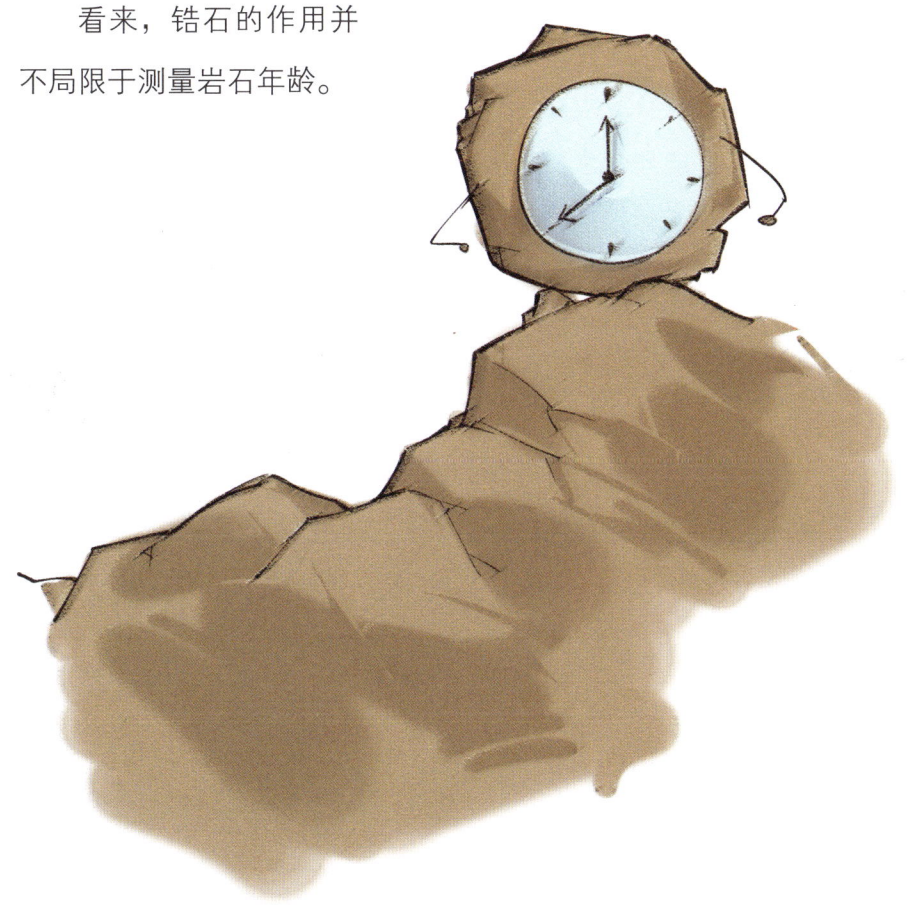

芝加哥有多少钢琴调律师

芝加哥有多少钢琴调律师?这是物理学家费米在芝加哥讲学时喜欢向学生提的一个问题。他是想说明,大部分人在不具备专业知识的情况下,仅凭着几个平常的假设也能作出大致的猜测。

所有科学问题我们仅凭少量的基础知识就可以回答:一是凭猜测,二是再应用一条简单的规则。拿钢琴调律师这个问题作例,我们只要大概估测出城市人口的数量、拥有钢琴的人数,以及一台钢琴的调音频率等,就可以得出几近正确的答案。我们也可以用类似的猜测获得科学问题的答案，比如：

地球的质量有多大？是矮个子走得快还是高个子走得快？有多少食物是供体力消耗的，又有多少食物是维持生命的？你所在学校的所有学生或所在办公室的所有同事的总体重是多少？人体内共有多少个细胞？

这些都是"费米问题"。下面举例回答"抽烟者平均少活多少年？"这一问题。

你大概知道吸烟能诱发两种致命的疾病：一是癌症，二是心脏病。而这两种病在50岁以上的人群里发病率较高，且发病率随年龄的增长呈上升趋势。你还知道大多数人活不过80岁这一常识。所以，这个问题的答案一定是介于0到30年之间。不吸烟的人寿命不会因这个坏习惯缩短，那么答案就是0年；每个吸烟者如果都在50岁死去，那么答案就是30年。显然，在绝大多数情况下，吸烟都会影响寿命，答案不会是0年。因此，我们认为答案至少是1年，最多可能是30年。

这就是数学家所说的上限和下限，分别是30年和1年。

这时，前面提到的那条简单规则就要发挥作用了：我们得算一算上限和下限的"几何平均数"是多少。先把上限和下限相乘，再求乘积的平方根，即可得到两者的"几何平均数"。1×30 是 30，30 的平方根刚刚超过 5。

所以，我们就凭着这些简单的知识，猜到了一个答案：5 年。而这个问题的真正答案是 6.5 年。这样看来，我们的猜测还过得去。

回答费米问题还有一个小技巧。比如，π 可以取 3，每天的时间算成 25 小时，每个成年人的体重约为 65 千克，直径为 d 的球的体积和边长为 d 的正立方体的体积近似相等，如此等等。这些近似值就已经足够使用了。

得到一个近似正确的答案靠的不是运气。上述技巧通常会让我们获得一个正确数量级的数，也就是说你的答案离正确答案的最大偏差不会超过 10 的因数。我们大多数人通过多种途径汲取了各种各样的信息、知识，凭此我们就能合理地进行猜测。

全世界的人都用同种方法计数吗

我们使用的数词名称是按十进制制订的。大家一般都知道数字的叫法,也知道这和十进制的关系。

不过,人类学家在考察世界各地不同人群的智力和技能时发现,10只是发达国家使用的基数。其他地方的人们给自己设定了不同的进制——他们使用其他数作为基数,数制多得令人眼花缭乱。

有的族群是用2作为基数的,如澳大利亚的古穆尔伽人、南美的巴卡伊里人以及南非的布须曼人。他们用一个词称呼1,另一个词称呼2。所以古穆尔伽人从1开始数数,就说"1,2,2-1,2-2,2-2-1",以此类推。

2之外最常见的基数是5。生活在北美的祖尼人使用一种传神的计数工具——一只手的5根手指。他们所使用的数词的字面意思翻译过来就是:1"当作开始",2"记下加上",

3"平分的手指",4"所有手指都用完了再用它",5"去掉切痕"(应该是拇指)。

不过,并非所有以5为基数的记数体系中的数词都来源于手指。南美的阿比波尼斯人就用"geyenknate"即鸵鸟的脚趾来表示4,因为鸵鸟共有4个脚趾;他们用"neenhalek"即五彩的美丽皮肤来表示5。

使用2、5或10这样的小基数来计数的做法,虽然颇显笨拙,但可以表示任意大的自然数,应用起来也很容易。

另一个常见基数是20,也就是人的手指和脚趾的总个数。巴西的加勒比人把20说成"poupou patoret oupoume",就是"脚和手"的意思。

有时候,人类学家还会遇到更麻烦的基数。新几内亚的基瓦人用47作为记数的基数。他们细数周身的部件:先是身体一侧的手指,包括拇指,拇指根,再到手掌,经过手臂、脖子、眼睛和眉眼间,顺次数到身体的另一侧。该计数办法的优点是,指着身体上任何部位,你就可以迅速表达从1到47内的任意一个数。

在人类学家收集这些有趣的数据的过程中，当地人有时会戏弄言语不通的他们。法国人类学家拉比亚尔迪埃发现汤加人用一些特殊的词汇表达大数，像 10 000 000 这个数他们读作"laoalai"，而 10 000 000 000 这个数读作"tolo tafai"。拉比亚尔迪埃认为也许是因为汤加人经常数大量的山芋，习惯于动辄 1000、2000、3000 的计数单位，于是找到这种简化计数的办法。不过，汤加人实际上是在和拉比亚尔迪埃开玩笑呢！他们表示"10 000 000"的那个词，实意为"包皮"；表示"10 000 000 000"的词，实意为"阴茎"；其他数词也都有开玩笑的意思。最后那个拉比亚尔迪埃能想到最大的数，被汤加人称作"ky ma ow"，实际意思是"我们说什么你就信什么"。显然，拉比亚尔迪埃被戏弄了！幸亏后来有一位汤加语水平较高的人类学者发现了这一点，才避免了以讹传讹。

惊人的巧合事件是如何发生的

很多人都碰到过一些非常巧合的事,比如有人打电话告诉你即将开始的赛马比赛的冠军并猜测正确,一周后他又再次正确预言,那么你肯定会相信他的话,下注第三个冠军。实际上,这可以用数学概率来解释。假设每场比赛有10匹马,他同时给100人打电话,每10个人分派到同一匹赛马的名字,那么第一场有10个人会赢。一周后他接着分派给这10个人第二场比赛的每一匹马的名字。这样,100人里必定有一位,比如是你,会连续两次提前得到正确预测的冠军的消息,但到了第3周,他预测正确的机会只有1/10了。

我们也听过一些"诡异的"事件。

大家都知道在 1912 年 4 月，"泰坦尼克号"在首航时与一座冰山相撞之后沉没，共有约 1500 人丧生。但是，估计很少有人知道，早在 14 年前，小说《泰坦号海难》就描述了相似的情景，唯一不同的是在小说里的"泰坦号"海难中近 3000 人丧生。这种巧合看似不可思议，其实发生的概率很高。假如你想写一篇轮船失事的小说，那么你肯定会设计一艘大船，船名很可能包含具有神话色彩的词，比如"泰坦"。那如果是一艘巨轮，上面肯定有很多乘客，在英语图书中自然就会被设定为英国和美国乘客。航线必定是横跨大西洋，而大西洋里最有可能造成船只失事的因素就是冰山，每年 4 月也正是冰山最危险的时候。所以这样分析下来，"泰坦尼克号"的首航完全符合小说挑选的细节，也就是说它出事的概率非常大，悲剧就在于他们没有足够的救生艇。

通常我们所听到或读到的一些惊人的巧合事件，是有的人为了语出惊人的戏剧效果，或是为了蒙骗听众，而对真实事件进行添油加醋的修饰，增添很多不实之词之后得出的故事。比如某清洁工连续两次被从同一窗户坠落下的同一孩子砸中。事实可能是两次坠落的孩子并非同一个，两次的窗户也并非同一扇。而正是这两个因素令整个事件听起来不可思议。去掉这两个编造的因素，这件事就没有这么稀奇了，很容易用概率来解释。因为一天到晚走街串巷的清洁工被砸中的概率远比待在室内的接线员要高得多。

当然，亲身经历的巧合可能对当事人造成非常强烈的影响，特别是不懂统计学的人。譬如一个女子梦见她姑妈玛丽死于一场火灾，在同一个梦境中，玛丽姑妈的丈夫跳窗逃生，摔断了一条腿。几天后，只要梦境中的事有一件发生，或是姑妈去世，或是姑父摔断了腿，或是附近真有哪家房子着火了，玛丽就会说自己梦见过这一件发生的事，而忽略梦里的其他连贯事件。其中一个事件的发生，其实只是一连串偶然事件共同作用的结果。我们当然不会凭着某个灾难梦境去采取一些预防灾难发生的措施，因为很多梦境真的只是巧合。

消防员也能提出数学假说吗

在现实生活中，数学无处不在，无时不在。无论是很多人喜爱的国际象棋或桥牌，还是有的人喜欢的报纸上的谜语，都包含了逻辑推理。现代人特别喜欢的数独游戏，就是一种数学智力拼图游戏，玩法简单，但数字排列千变万化。

数学并不冷门，不是只有数学家才会迷上数字。2006年，纽约市一位名叫贝迪亚的消防员告诉一个朋友：他即将要过的生日有点特殊——他正好碰上了"生年"。他说的"生年"是指他当年的年龄刚好和他出生年份的最后两位数字一样。贝迪亚生于1953年，2006年他53岁。每人都可以算出自己的"生年"。不过，生在1900年或2000年的人，生年有点令人失望。

任意一年（2000年除外）都会有两个年龄组宣称这是他们的生年，两个年龄组间相差50岁。所以，在2006年，除了53岁的贝迪亚，还有生于2003年的刚好3岁的孩子也正好碰上了"生年"。

这个"贝迪亚年",与数论颇为相像,乍一看是一个简单的问题,实际一深究,却能引出一些有趣但却不容易回答的问题。已知出生年,计算"贝迪亚年"很容易,但是反过来,譬如计算一下"贝迪亚年"在2014年的人出生在哪一年,可就没么容易了。美国数学家齐普拉对这个问题稍作研究,他想算出在任意给定年份的情况下,不够"贝迪亚年"的人的年龄范围。计算结果显示,这样的年龄段实际上有两个。以2007年为例,齐普拉发现,0到3岁年龄段的婴幼儿和8岁到53岁的人群在这年未达到"贝迪亚年",而4到7岁的人群和53至99岁的人群,都过了"贝迪亚年"。这个问

题倒不需要高深的数学知识才能解答，不过的确需要费点脑筋来摆弄年份和年龄这两组数，还要考虑到有些人是跨世纪生活的。

齐普拉很可能穷尽了"贝迪亚年"的种种更深层次的可能性，不过连他本人都觉得不可思议：如此简单的一个问题，竟然会引出一两个复杂的问题。可惜，贝迪亚自己从未读过数学家基于他的发现而取得的研究成果。因为就在他的"贝迪亚年"到来前一个月，他在纽约世贸中心附近的一座闲置的办公楼里参加灭火时不幸牺牲。

所以，"贝迪亚年"是一个令人伤感的数学问题。

莫扎特巧克力球

看题目,你会认为那是伟大音乐家莫扎特特意为你包的巧克力吧?你认为吃了它也就能弹得一手好钢琴?不,它实际上与神童莫扎特毫无关系,只是恰巧同名而已。这是一种用开心果、杏仁做果心,外面包裹一层杏仁糖和黑巧克力的糖果。1890年以来,萨尔茨堡的市民一直都爱吃这种"莫扎特巧克力球"。按照传统,这些小球一直是用正方形或长方形的铝箔纸作包衣。这就意味着要想让铝箔紧贴着巧克力球,包得密实、平整,就必须将多余的铝箔压皱,这样势必会浪费一些铝箔。

大家都知道,数学家们向来乐衷于追求新知识,纽约大学的一对数学家父子也不例外。他俩决心计算出能够包装莫扎特球的铝箔的最小尺寸,这样就可以有效地减少铝箔的用量,也就等于让糖果制造商

节省了购买铝箔的钱。

目前使用的包装铝箔有两种规格：一种是正方形的，它的边长是$\sqrt{2}\pi$；另一种是长方形的，长和宽分别是2π和π。这个尺寸怪怪的，不是简简单单的数。看来在美国的父子数学家为"莫扎特巧克力球"包装纸想办法之前，早已有人对包装纸动了一番数学脑筋。但不论选择哪种规格，包装纸的面积差不多都要比巧克力球的表面积多60%，这样一来，大约1/3的铝箔要被浪费掉。

两位数学家或许在剥了或者是吃了很多"莫扎特巧克力球"之后，确信找到了节约铝箔的办法。他们计算的结果是：用一张等边三角形的铝箔来包裹巧克力球，三角形的边长略小于巧克力球半径的5倍，这样就能完全包住它，而且铝箔的用量比现在减少0.1%。有些人可能会觉得这点小算计没有必要动用他们父子俩的卓越才智。对此，父子俩争辩说，他们的发现说不定能帮助巧克力制造商减少生产过程中的碳的消耗量和二氧化碳的生成量，他们是在为解决全球变暖问题出点力呢！

是的，每个"莫扎特巧克力球"的铝箔用量只是减少0.1%，但如果我告诉你，生产正品"莫扎特巧克力球"的公司每年生产140

万个巧克力球,你应该能算出工厂采用等边三角形包装纸后每年可以节约多少铝箔吧?这个数字还真是不能小觑。更何况这种"莫扎特巧克力球"实在受欢迎,还有几个仿冒者的生产数量并未计算在内。这样一来,他们一年节约的铝箔总量非常可观!

"无穷大"也分大小吗

如果说某个数比无穷大还大,你是不是觉得有点荒谬?数学家们尝试用一种叫"双射"的方法,也就是一一对应,来揭示更大的无穷大数是存在的。

假设我们能把所有整数排列起来,一直排到"无穷大"。如果现在另有一组数,比如一组分数,我们可以把两组数一一对应起来,一直对应到无穷大,使得每个整数和每个分数相互对应,也就是说每个集合包含了相同数目的元素,因此它们是相等的无穷大。

相反,如果两组数不能一一配对,例如整数未剩下足够的数与另一组数一一配对,那么由那些数构成的全集的无穷大,要比由整数构成的无穷大更大。分数和整数的数量一样多这个想法似乎是不切实际的。毕竟,两个整数之间,会有很多很多分数,如1和2之间有3/2,4/3,6/5等分数。如果按唯一顺序将所有的分数排成一个无限长列,与按顺序排

列好的整数长列——匹配，那么每个分数会和唯一的一个整数对应，而每个整数也和唯一的一个分数对应。不过，如果只关注分数长列，你会发现，整数只是这个无限长列的一部分，就像整数 4 可表示成分数 4/1，只是分数列的一个数。

另外，用实数集和自然数集的对应问题也能证明无穷大有更大一说。实数就是在数轴上从 0 到无穷大的所有数，所以实数不仅包括有理数（所有的整数和分数），还包括无理数。不管将实数按何种顺序排成有序的列表，你总能找到在列表中没有的实数。

表1　一张假设的列表

整数	实数
1	7.272 865 490 108 8…
2	2.070 990 382 975 6…
3	18.696 243 576 675…
4	0.871 745 463 889 2…
5	3 834.202 020 302 0…
6	0.676 668 292 008 2…
7	3.141 626 987 356 2…
……	……

假设我们有一张包含所有实数的列表，并按照一定的规则将它们排序，可以得到如表 1 这样一张列表。

表 1 看上去毫无规则而言，但我们假设规则就是任何人能想到的实数都已列在其内，无穷多的实数和无穷多的整数都一一对应了。好，接下来，我们根据该表实数列各数的小数部分，造出一个新数，使它满足这样的特点：小数点后的首位数和表中实数列的第 1 个数小数点后的首位数不同；第 2 位数和表中实数列的第 2 个数小数点后的第 2 位数不同；第 3 位数和表中实数列的第 3 个数小数点后的第 3 位数不同，以此类推，造出了新数 0.394 250 1…。这个新数不在你的列表中，因为它和表中的每个小数比较，至少有一位是不同的。所以说，不是所有的实数和所有的整数都能一一对应。也就是说，实数的无穷和整数的无穷是根本不同的。

因此，总有一个无穷大的数，比你列举的任何一个无穷大的数还要大。这话说起来虽然拗口，但却千真万确，请你不要感到惊奇：无穷大有更多尺寸。

1+1 真等于 2 吗

1+1=2？

数学家们对任何事物都不是想当然地下结论的。为了得到一个缜密的结论，你必须确保每一步都经过严格、正确的论证，哪怕是从最简单的起点开始。譬如对于"1+1是否等于2"这个问题，我们必须首先搞清楚1的意义，而后再思考2的意义，最后确定1和1结合在一起是否等于已被确认的2的意义。

英国数学家怀特海和他的学生罗素合著了一套三卷本的巨著《数学原理》，其中至少有半页篇幅是在证明"1+1=2"。

一些人认为根本没必要证明最基本的算术恒等式，他们对罗素提出异议。罗素以笔作答：

"你可能会说：'什么都无法动摇我认为2+2=4的信念。'很对，但是在一些边缘情

况下,并且只有在边缘情况下,你才会怀疑某种动物是否是一条狗,或者某个长度是否小于1米。'2'一定是2个某物件,'2+2=4'这个命题如果不作实际应用,就毫无意义。2条狗加2条狗确实等于4条狗,但是,如果你怀疑其中的2条是不是狗,你可能会说:'不管怎样是4只动物吧。'但是有些微生物,你也搞不清楚它们是动物还是植物。你会说:'好吧,就算是生物吧。'但还是有些事物你搞不清楚它们是不是生物。最后,你只好说'2个实体加2个实体等于4个实体'。等你解释完'实体'的含义后,我们会继续争论。"

不过大家都可以从中看出数学家们要缜密严谨的原因。有时候我们看待事物的方式,看待学校教学内容的方式"太平常",这有可能把我们引入歧途。请看下面"3=4"的证明:

假设:

$a + b = c$

上列式子还可写成:

$4a - 3a + 4b - 3b = 4c - 3c$

(因为 $4a - 3a = a$,$4b - 3b = b$,同样 $4c - 3c = c$。)

重新调整上式各项顺序得到:

$4a+4b-4c = 3a+3b-3c$

（从等号一端移一项到等号另一端，只需把加号变成减号，减号变成加号即可。例如在等式 $4x-3=0$ 中，我们可以把 -3 移到等号右边变成 $+3$，写成 $4x=3$，也可在等号两端分别加上相同的数 $+3$ 得到 $4x=3$。也就是说，两个相等的值分别加上同样大小的数值，那么得到的两个值仍然保持相等。）

现将上边的式子重写为：

$4×(a+b-c) = 3×(a+b-c)$

两边同除以 $(a+b-c)$，就得到 $4=3$。

这个谬误源于一个不严格遵循算术规则的人都会犯的常见差错：$a+b-c=0$，而算数规则是不允许除以零的。

当然，人们也不会同意"4=3"的说法，因为多数人看到这种诡辩式的结果，都会倾向于相信常识，而不是高深的数学推理。同理，人们会认为 1+1 就是等于 2 嘛！

一场晚宴引发的问题

数学总是能轻而易举地使简单问题复杂化。一开始你以为遇到的是个简单问题,可是一旦深入思考,你很快就会发现整个局面都失控了,连你自己也被弄得头昏脑涨!

下面就是这类问题的一个例子:一次晚宴,来了6位客人,现在你要证明这6位客人当中,要么有3位相互认识,要么有3位完全互不相识。

这听起来好像不难证明,但仔细想想,这个问题既没有说客人被分为两组,每组有3人,一组是朋友,一组

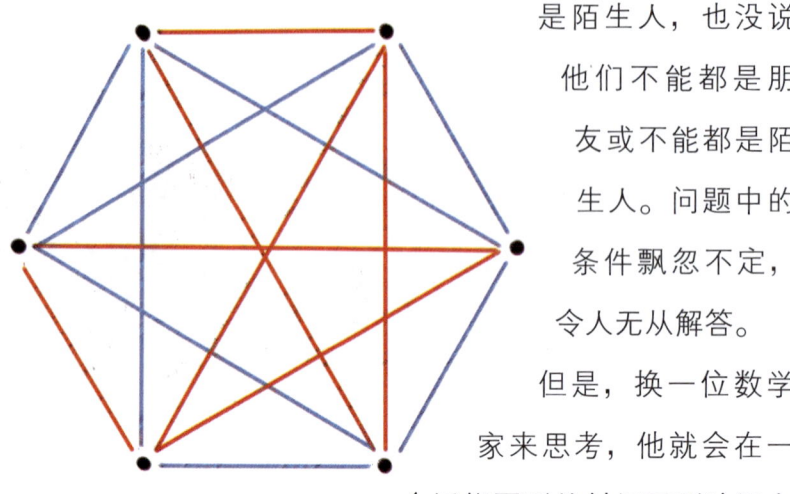

是陌生人,也没说他们不能都是朋友或不能都是陌生人。问题中的条件飘忽不定,令人无从解答。

但是,换一位数学家来思考,他就会在一个近似圆形的封闭图形边沿上画 6 个黑点表示参加宴会的 6 位客人,然后用红色铅笔在每对认识的人之间画一条红线,用蓝色铅笔在每对陌生人之间画一条蓝线,这样一共画出 15 条线。那么至少存在三个点,它们之间的连线形成的图案不是一个红色三角形,就是一个蓝色三角形,代表 3 个相互认识的人或者 3 个互不相识的人。你看,他把一个模糊的生活难题转化成一个精确的数学命题,用线连接的点来表述,利用的是图,而不是人和他们的社会关系。这样一来,我们只要应用简单的几何学知识就能提供证明。

探讨这类问题的专业领域叫"拉姆齐理论",它是以剑桥大学的天才数学家拉姆齐命名的。拉姆齐在数学、经济学和哲学方面贡献巨大,但 27 岁就去世了。宴会问题是该领域里最简单的问题,更复杂的拉姆齐问题需要更多的线连接更多的点。如果图形中所有的点都以线段与其他点相连,则该图形称为完全图。任一包含在完全图中的图形均被称作子图，比如上面说的红色和蓝色三角形。

拉姆齐理论有另外一个问题和前面的宴会问题类似，只不过涉及的数量有所改变，变成5个朋友和5个陌生人。这道难题至今没有获解，它要人们求解参加宴会的最少人数，确保至少5人相互认识，或是5人互不相识。目前，数学家得出的最接近的答案是在43人到49人之间。

拉姆齐理论不仅能处理包含于平面完全图里的子图（如上述例子所示），还可以就包含于三维完全图中的子图提出类似问题。以一个立方体的8个顶点为例：我们把每个顶点都与其他顶点两两相连，会得到像鸟巢一样错综复杂的连线。我们可以就这个完全图中的三角形子图提出问题。

拉姆齐理论的研究者认为，二维和三维完全图只能描述初级的拉姆齐问题，具有世界上最不精确解的拉姆齐问题牵涉到更高维数的完全图。

掷骰子就能创作出华尔兹吗

柏林的音乐出版商胡梅尔曾提到,作曲家莫扎特在写乐曲的时候玩了一把概率论,决定靠投掷骰子来决定作品的样式。

1793年,莫扎特去世两年后,胡梅尔发表了一份文件,里面有176小节的乐谱、两个数字方阵和几条游戏说明。他说,这乐谱是莫扎特写的,他想在听众的参与下创作变幻无尽的"骰子华尔兹"。莫扎特希望听众参与创作一首16小节的华尔兹乐曲,对于乐曲的每一小节,他都给出了11种选择,由听众抛掷骰子来决定。在创作第1小节时,听众连续抛掷一对骰子,计算点数之和,产生一串2—12之间的数字。根据投掷点数,听众能在数字方阵中查得一个编号,这一编号在176小节的乐谱中所对应的那一小节音乐内容就是听众参与创作的华尔兹乐曲的第1小节。以同样的方式,听众能参与创作华尔兹乐曲的第2小节、第3小节,以此类推,直至完成整首曲子。然而,听众参与创作的每首曲子都不一样,因为在抛掷16次骰子后,可能产生的排列组合共有45 949 729 863 572 161种,同种结果重复出现的可能性微乎其微。要是将所有组合版本的乐曲都演奏一遍,需要的时间以亿年计算。

还有,你是不是以为莫扎特的教名是沃尔夫冈·阿玛多伊斯?要是你在百度上搜索"莫扎特",搜索结果也确实是显示"沃尔夫冈·阿玛多伊斯·莫扎特",但事实却并非如此。当年,4岁的莫扎特就跟父亲莱奥波德·莫扎特学习钢琴并开始作曲。6岁的莫扎特在父亲的带领下到慕尼黑、维也纳、普雷斯堡进行了一次试验性的巡回演出。7岁的小莫扎特与父亲先后到德国、法国、英国、荷兰、意大利等国进行为期十年的旅行演出,向世人展示了无与伦比的才华。古文物专家兼博物学家巴林顿曾写过一篇文章,记述在伦敦举行的神童测试,还附上一张男孩照片,上面标明,男孩叫"特奥菲卢斯·莫扎特"。其实,

莫扎特生前只在一份文件用过"阿玛多伊斯"这个名字。"阿玛多伊斯"就是拉丁语的"特奥菲卢斯"，意思就是"上帝的宠儿"。实际上，莫扎特受洗名字是"约安内斯·克里索斯托穆斯·沃尔夫冈古斯·特奥菲卢斯·莫扎特"，根本不是"阿玛多伊斯"。

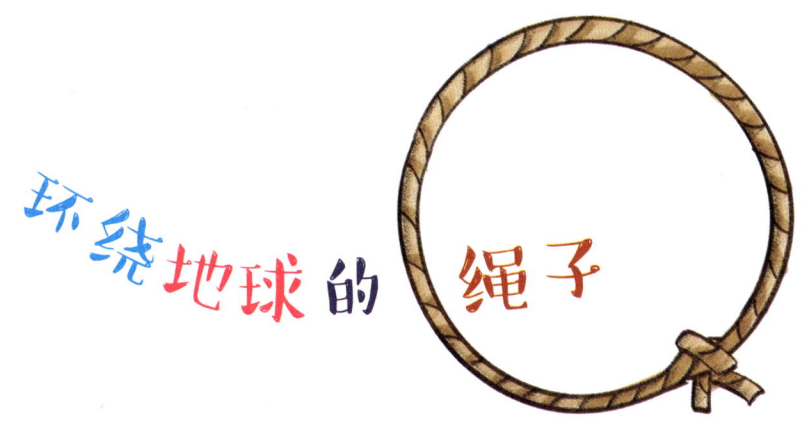

环绕地球的绳子

如果有一根绳子,它的长度足够严丝合缝地围着地球赤道绕一圈,那么我们要想把绳子抬离地面 1 米,绳子需要加长多少米呢?

凭直觉,我们会有这样的思路:要将绕地球一圈的绳子抬高 1 米,就必须先计算一下绳子的长度,也就是地球的周长。地球的周长大约 40 000 千米。你大概会想,绳子肯定要加长几千米才能宽宽松松地绕地球一周。不过,如果有人告诉你,答案与绳子原先的长度一点关系都没有,你相信吗?

好,让我来向你慢慢解释。要找到答案,实际上只需求出两个周长的差,也就是以地球直径为直径的圆和以地球直径再加上 2 米(直径两端各加 1 米)为直径的圆的周长之差。如第一个周长用 C_E 表示,第二个周长用 C_{E+} 表示,我们还必须知道一个要素 π。我们知道,任意一个圆的周长等于直径乘以一个叫作 π 的常数,π 约为 3.14。所以,C_E

=3.14×D_E,而 C_{E+}= 3.14×(D_E + 2),该式中的 D_E 为地球的直径。现在要求出绳子增加的长度,那就需要从 C_{E+} 中减去 C_E,所以需要从 3.14×(D_E + 2)中减去 3.14×D_E,第 2 个式子去掉括号,变成 C_{E+}=3.14×D_E + 3.14×2,这样我们就可以得到答案:

绳子增加的长度 =3.14×D_E + 3.14×2−3.14×D_E

接着再稍加调整,就变成 3.14×D_E − 3.14×D_E + 3.14×2,前两项抵消,最后就剩下 3.14×2 了。现在大家可以看出,绳子的长度不是数百数千千米地增加的,甚至连 1 千米也没有,而是只增加了两个 3.14 米,也就是 6 米多。这结果简直令人难以置信!然而,当我们回过头去再检查一遍推算过程,发现并没有错误!

你会发现,绳子原先的实际长度根本不影响增加的绳长。任意尺寸的任一绳环,只要绳长增加约 3.14 米,就可以使绳环的直径增加 1 米,绳环的直径增量和绳环原先的大小完全无关,它是一个固定数。一根绕在圣保罗大教堂的圆顶基座上的绳子只要增加约 3.14 米,它绕成的绳环的半径就能增加半米;同样,一根绕在木星轨道上的绳子只要增加约 3.14 米,也能离木星轨道圆心再远半米。圣保罗教堂的基座的直径和木星轨道的直径不会对此结果有任何影响——虽然前者的直径是 110 米,后者的直径约有 50 亿千米。

黑斯廷斯的珍禽异鸟

英国的黑斯廷斯曾有一个名叫布里斯托的枪械商,他同时也是个动物标本剥制师。在 19 世纪末到 20 世纪初的 30 年间,他接连发布消息,说他在萨塞克斯的一些地方看见了珍禽异鸟。按照当时的规矩,《英国禽鸟志》仅凭布里斯托的一面之词,便在每年发布一期的不列颠发现的珍稀鸟类名录上,刊载了他的目击细节。这位标本剥制师交来了死鸟皮或填充过的鸟尸,还附带说明了发现和射杀这些鸟的地点。在黑斯廷斯发现珍稀鸟类最多的时期,《英国禽鸟志》里一共增加了49种禽鸟，仅黑斯廷斯一个地区就占了32种。

布里斯托捕获的珍禽异鸟之多不可谓不惊人。对此，人们有三种解释：一是黑斯廷斯及周边地区对鸟类而言就是一个另类的"百慕大三角洲"，珍稀鸟类在那里现身的频率就是比在不列颠群岛其他地区高得多；二是布里斯托是个非常勤快的观鸟的高手；三是他报道的禽鸟根本没在不列颠群岛出现过，而是他设法从偏远之地弄到的。

到1962年，很多人认为布里斯托在造假。人们将后来在不列颠群岛其他地区发现的类似禽鸟的目击情况拿来比较，发现了两点：

1. 把以后几年发现的珍稀鸟类（即非黑斯廷斯珍禽）的名录与在黑斯廷斯珍禽大量发现期间的同类禽鸟的出现情况作比较，结果显示鸟类的分布大同小异。当然，一个原因是鸟类观察和记录的技术有所改进，鸟类观察者的人数也有增加，所以观察到的禽鸟数量比以前多。

2. 把较早时期观察到的珍稀鸟类的名录和其后的观察记录相比较，人们发现两者的差异十分显著。

许多早期观察到的鸟,后来再也没有人在不列颠群岛看到过,更别说黑斯廷斯地区了。

看清了吧,布里斯托正活跃的那段时间,报道了所有的珍禽异鸟,而这之后,别的观鸟人再也没见到他曾目击过的鸟儿,其中的猫腻显而易见。

有一个统计员为了弄明白这件怪事,收集了3个地区2个时间段的数据,又查看各地区3类珍稀禽鸟的报告,最后编制了一张表,将黑斯廷斯及其他地区各类鸟儿的数量填进去。

表2 黑斯廷斯及其他地区3类珍禽数量

	一类	二类	三类	总数
黑斯廷斯	243	208	165	616
其他地区	125	119	255	499

谁看到这张表的数据都会觉得好笑:黑斯廷斯地区一类珍稀鸟类的报告数量接近于其他地区的两倍,而三类鸟类的报告数却比其他地区少很多。

此外,这位统计员对黑斯廷斯珍稀鸟类数据进行卡方检验,结果是57.40,这证明布里斯托的那些报告不可能是正常的鸟类观察报告的结果。

无处不在的 π

大家都知道用希腊字母 π 表示的数字 Pi，但是了解 π 的特殊性的人并不多。

π 的起源并不神秘。古代的数学家，像埃及、印度、巴比伦和希腊的几何学家，早就发现每个圆形的周长与直径的比率都是相同的，小到硬币，大到冥王星运行的圆形轨道，其周长和直径的比值都约为 31/7。不过，《旧约》的"列王纪上"有这样一段话："他又铸了一个铜海，样式是圆的，高五肘，径十肘，围三十肘。"也就是说，上帝认为 π 正好等于3。

当你想在地上画个有特定周长的圆圈，比如周长为 10 米的圆，知道这个比值 π 就很有用——你只需找来一个挂钩、一段绳子和一支粉笔就够了。绳子的长度要比圆周长的 1/6 短一点，以这个 10 米圆周计算，需要用 1.6 米的绳子。

随着测量圆的精度越来越高，人们对 π 值的估算也越来越精确。古埃及人计算的 π 值是 25/8，古巴比伦人计算的 π 值是 256/81。现在人们不用拿卷尺绕着大圆圈测量圆周，而是借助于计算机来计算，已经可以将 π 值计算到小数点后 1 240 000 000 000 位。

  现在说说 π 的特性。一般的数不会这般没完没了地延续下去。以身高为例，如果测量得非常精准，一个人的身高可以是 1.802 361 286 39 米，就此打住。即便你想在后面多添几个数，也只能全添成 0。古埃及人的 π 值 25/8 换算成小数就是 3.125，之后再无数字，当然，你可以写成 3.125 000 000 000，后面添几万亿个 0 也没问题，但是这样做没什么好处，只会把你

π
3.141
5926535
8979323846
264338327 9502
8841971693993 …

的手累得酸痛，小数点三位之后也不会再有一个非零的数字。

π 是一个无理数。所谓无理，并不是说它行为反常，而是说它不能用两个整数之比来表示。其实，圆周率 π 在无理数里面属于少数派，人们称这帮少数派为超越数。虽然这个小集团的著名成员不多，但绝对比人们熟悉的整数、分数等其他数多得多。

对于不喜欢数学的人而言，这其中的复杂性会令他们不胜其烦，特别是像 π 这种直接同现实世界中的常见形状（圆）有关的数。这个数无论怎样都不能分毫不差地写出来，可它却无处不在，如我们使用的硬币，头顶的太阳，手握的方向盘等。想到这一点，你是不是觉得怪怪的？

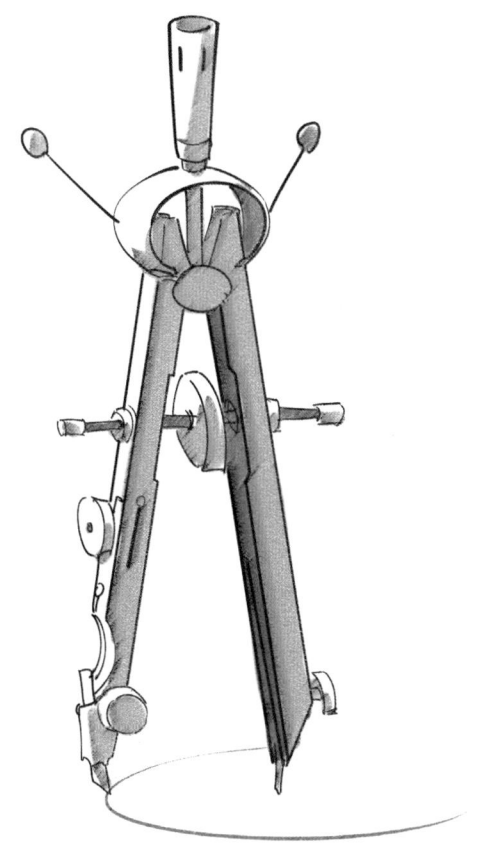

图书在版编目（CIP）数据

掷骰子就能创作出华尔兹：形形色色的科学冷知识 / 张晓红著. —上海：上海科技教育出版社，2019.8
（尤里卡科学馆）
ISBN 978-7-5428-6990-6

Ⅰ.①掷… Ⅱ.①张… Ⅲ.①科学知识—青少年读物 Ⅳ.①Z228.2

中国版本图书馆CIP数据核字（2019）第080019号

责任编辑　顾巧燕　侯慧菊
装帧设计　李梦雪

尤里卡科学馆

掷骰子就能创作出华尔兹吗
——形形色色的科学冷知识

尹传红　主编
张晓红　著
宫世杰　插图

出版发行	上海科技教育出版社有限公司
	（上海市柳州路218号　邮政编码200235）
网　　址	www.sste.com　www.ewen.co
经　　销	各地新华书店
印　　刷	常熟市文化印刷有限公司
开　　本	720×1000　1/16
印　　张	12
版　　次	2019年8月第1版
印　　次	2019年8月第1次印刷
书　　号	ISBN 978-7-5428-6990-6/N·1058
定　　价	54.00元